TEACHER'S RULE BOOK

教師が仕事をするうえで
「しなければならないこと」
「してはいけないこと」

入澤充 監修

Introduction

　現代の日本で、学校に行ったことがない人はいないでしょうし、心に残る先生の1人や2人はいらっしゃるでしょう。

　そんな方々に「学校の先生の仕事ってどんな仕事？」と問えば、多くの人が「授業をすること」と答えてくれると思います。そこで、さらに一歩踏み込んで「授業だけ？」と聞き返してみたら？「それだけではないと思いますが…」とお茶を濁す程度で、はっきりとは答えられないのではないでしょうか。

　無理もありません。先生という職業は、誰もが知っているようでいて、意外と知られていないことが多い職業でもあります。

　そして、それは先生だって同じ。着任して何年も経ってから、はじめて「これって、そういう意味だったんだ」「え！これ知らないとまずくない？」ということが割とあったりするからです。

　日々当たり前のようにしている仕事の裏側には、実は教育法規によって明確に位置づけられた根拠があります。本書は、学校現場にかかわる教育法規を隅から隅まで網羅した『新・教育法規解体新書ポータブル』（佐藤晴雄監修）という本のスピンオフです。

　本書は、この『解体新書』をテキストとして、毎日教壇に立つ先生方に直接関係のある「しなければならないこと」「してはいけないこと」「知っておくとよいこと」をピックアップして、イラストを交えながらわかりやすくまとめました。

　本文に関係法規等も記しましたが、『解体新書』と併せて読まれると教育関係法規の理解がさらに深まります。

　最後に、本書の企画の趣旨をご理解いただいた日本大学教授の佐藤晴雄先生に感謝するとともに、本書を手にとってくださったすべての先生方の教職ライフが少しでも実りあるものとなることを願っています。

平成27年3月吉日　入澤　充

目次

Introduction

第1章　しなければならないこと

【1-1】どんなときにも仕事に集中できる気構えと健康管理を！　010

【1-2】教師の上司は誰のこと？上司の命令は絶対？　012

【1-3】教師は終身雇用？　016

【1-4】教師のライフステージ　020

【1-5】充実した教職生活を送るために！研修は教師の命綱　022

【1-6】学習指導要領はなぜ大切？　026

【1-7】障害のある子も、ない子も、共に学べる学級づくり　030

【1-8】読み書き計算が苦手なのには理由があります　034

【1-9】どうしてもじっとしていられません　036

【1-10】方法の平等ではなく、教育効果の平等を！　038

【1-11】いじめ問題に先手を打とう　040

【1-12】不登校の子どもには、手間暇かけてじっくり対応　044

【1-13】どれだけ手を尽くしても、悪さをやめない子がいたら　046

【1-14】地震、台風、インフルエンザ、危険を感じたら臨時休業　050

【1-15】緊急対応が必要な感染症の種類と対応方法　052

第2章　してはいけないこと

- 【2-1】教師の指導で許されないこと　　　　　　　　　　　　058
- 【2-2】教科書を一切使わずに、授業を行うことはできません　062
- 【2-3】通知表は家庭のためのもの、指導要録は学校のためのもの　064
- 【2-4】口は災いの元！秘密厳守は教師の義務　　　　　　　　066
- 【2-5】教師という職業は、信用第一！　　　　　　　　　　　068
- 【2-6】政治的な事柄は、特に注意が必要！　　　　　　　　　072
- 【2-7】団結権はありますが、団体交渉権はありません　　　　076
- 【2-8】教師の身分保障は、無制限ではありません　　　　　　078
- 【2-9】してはならないことをすれば、教師といえども職を失います　082
- 【2-10】子どもへの指導が、どうしてもままならなくなったら…　086
- 【2-11】油断大敵！慣れていることこそ集中を！　　　　　　090
- 【2-12】安易に、学校施設を貸し出すことはできません　　　092

第3章　知っておくとよいこと

【3-1】教育の充実のため、学校外の仕事もできるのが教師の特徴　098
【3-2】学校現場で身につけた教師力を世界で役立たせたい　100
【3-3】専修免許状を取ろう！　102
【3-4】学校の執務環境の充実に力を発揮するコミュニティ　104
【3-5】健康診断で、体のあちこちに不自然なアザのある子がいた　108
【3-6】もしものことがないように！LINE設定術　110
【3-7】正規の勤務と時間外勤務　114
【3-8】休憩時間と休息時間　116
【3-9】教師の休日　118
【3-10】年次休暇　120
【3-11】病気休暇と介護休暇　122
【3-12】特別休暇　124
【3-13】育児休業と部分休業　130
【3-14】どうしてもその学校で仕事を続けることが難しくなったら…　132
【3-15】もしも勤務時間中に大けがをしてしまったら…　134
【3-16】もしも学校で子どもがケガを負ったら…　138

付録　144

この本に出てくる主な教師

けいた先生
25歳
教職3年目

みなこ先生
24歳
教職2年目

校長先生
58歳
やさしい

教頭先生
48歳
あわてんぼう

加藤主幹
40歳
教職18年目

鈴木主任
35歳
教職13年目

りょうこ先輩
28歳
教職6年目

まさと先輩
30歳
教職8年目

田中先輩
30歳
教職6年目

第1章

しなければならないこと

　教師の一番の仕事は、いい授業をすること。いい授業をするには、いい環境が必要です。いい環境をつくるには、学習指導の技法だけでは実現できません。なぜその指導が必要なのかを知り、子どもの身の安全を守るための配慮が必要になります。
　そこで本章では、教師がいい仕事をするために必要な知識や、何に力を尽くさなければならないのかを紹介します。

どんなときにも仕事に集中できる気構えと健康管理を！

**教師の仕事は、人に見られる仕事。
勤務時間中は職務に専念しましょう。**

1．職務に専念する義務

　公的機関、民間企業に限らず、どのような業種であっても、勤務時間中、仕事に専念しなければならないのは、あえて言うまでもないことです。

　しかし、そこは教師という仕事の特殊性と言いましょうか。「公僕」とも言われる地方公務員ですから、民間企業に勤める人よりも、より一層の注意力が求められます。まして、教師は、子どもたちはもちろん、保護者・地域から「先生」と呼ばれる立場でもあります。

　こうしたことから、教師には職務に専念することが、義務（職務専念義務）として課せられているのです。もし、この義務を怠るよ

うなことがあれば、行政上の処分の対象ともなります。

2．職務専念義務の免除

　これもまた教師の仕事の特殊性でもあるのですが、教師の仕事には高い専門性が求められます。このことから、次のような場合には、職務に専念する義務が免除されます（①〜③教育公務員特例法、④地方公務員法）。

① **承認研修**：授業に支障のない場合に、校長先生の承認を受けて勤務時間中に勤務場所を離れて研修を受ける

② **長期研修**：教育委員会の許可を受けて、現職のまま長期にわたり研修を受ける（社会体験研修、海外留学、内地留学など）

③ **兼職・兼業**：教育委員会の許可を受けて、教育に関する他の事業・事務に従事する

④ **適法な交渉**：職員団体が、社交的・厚生的な事柄について、教育委員会や校長と交渉をもつ

OK? NG?　夏季休業期間中に、校長先生の承認を受けて自宅で研修を行った。

OK!

職専免研修は、職務に専念する義務の特例です。そのため、自宅での休養や自己の用務のための利用は許されませんし、職務と関係がない、職務への反映が認められないものも承認されません。ただし、職専免研修を自宅で行うこと自体は許されています。その場合には、保護者や地域住民等の誤解を招くことのないよう、研修内容や、自宅で研修を行う必要性について校長先生によく説明し、報告書にまとめておく必要があります。

どんなときにも仕事に集中できる気構えと健康管理を！

教師の上司は誰のこと？
上司の命令は絶対？

何となく職位に差を感じることが少ない教師の職場。でも、上司の命令には従わなければなりません。

1. 教諭の上司

　教諭の上司とは誰でしょう。まず思い浮かぶのは校長先生、副校長先生、教頭先生といったところでしょうか。

　教育委員会はどうでしょう。教育委員会は合議体の機関ですから、直接的には上司という感じではありません。しかし、学力調査や研究指定など、教育委員会からの依頼を受けなければならないことは数多くあります。これは誰の命令でしょうか。

　教育委員会の教育長がこれにあたります。すなわち、教諭の上司を権限の強い順に並べると、次のようになります。

①教育長、②校長、③副校長、④教頭

2．上司の命令は絶対？

　職場で、何のトラブルもなく仕事をしていれば、誰かから「命令された」と感じることはまずないと思います。しかし、気づきにくいだけで、学校現場にも、従わなければならない「上司の職務命令」は明確に存在します。

　日々の仕事を通して、校長先生や教頭先生から「先生、忙しいと思うのだけど、来週までに授業計画を立ててもらえませんか？」などと頼まれた仕事をこなしていると思います。

　こうした「頼みごと」には、相手の好意に期待して依頼する文字どおりのお願いごとと、もうひとつ職務命令としての頼みごとがあります。

　その「頼みごと」が、①上司から言われたものである場合、②職務にかかわる内容である場合は、「職務命令」に当たります。このような「頼みごと」の場合には断ることができません。

　しかし、実際の職場の場面では、ほかの仕事に忙殺されていて、新たな「頼みごと」を受けられないことはよくあります。ここで誤解してはならないことがあります。

　「校長先生、すみません。ちょっと今ほかの仕事に追われてまして」という教師に対して、「わかりました。それでは、ほかの先生にお願いしてみますね」という校長先生の返答。この部分だけを切り取って考えてしまうと、妥当な理由づけができさえすれば、上司の職務命令を拒否できるかのように見えます。しかし、これは誤りです。

　この校長先生の対応は、校務全体の能率を考えてのことです。仕事に追われているＡ先生よりも、Ｂ先生にやってもらったほうが効果的で・効率的だという経営判断によるものなのです。決してＡ先生に断られたからあきらめたのではありません。

　ですので、仕事に追われていようと「やっぱりＡ先生が適任です」と、再度お願いされた「頼みごと」は引き受けなければなりません。

1-2

> **OK? / NG?** 朝の挨拶運動を行うことに対して、「勤務時間外ですから、その命令は違法です」と言って従わないA先生がいた。

NG!

時間外勤務命令は、超勤4項目に該当する業務に対して行うことができます。

具体的には、①生徒の実習、②学校行事、③職員会議、④非常災害や子どもの事故など緊急措置を必要とする場合の4つ。

ケースの場合には、一見A先生のほうが正しく見えますが、その違法性が客観的に立証されない限り拒否できません。

ただし、このようなトラブルに発展しないよう、校長先生には、勤務時間の割り振り変更を行うなどの対応が望まれます。

> **OK? / NG?** 「来週の月曜日までに報告してください」と指示されていたが、休み時間にちょっと言われた程度だったので後回しにした。

NG!

職務命令を発する上での形式については、文書によるものと口頭によるものがあります。しかし、そのそれぞれについての権限の程度について、具体的な取り決めはありません。そのため、文書による命令も、口頭による命令も、従わなければならない強制力に違いはないとされています。

すなわち、文書によるか口頭によるかによって軽重はありません。

| OK? / NG? | 校長先生が急遽入院してしまい、教頭先生が代理で卒業式に臨んだが、国歌斉唱のときに起立しない教師に起立するよう命じた。 |

OK!

教頭先生は、校長先生を補佐する立場から、教諭に対して職務命令を発令することができる場合があります。
ケースの教頭先生については、職務命令を出すことができます。

また、校長先生が不在のなかでの代理者として式を執り行っているので、その職務命令は校長先生が行ったものと同様の効力があります。

◇ One Point

職務命令は、勤務時間中の職務だけでなく、プライベートの時間であっても命じられる場合があります。

　職務命令には、大きく分けて、次の２つがあります。
①職務を遂行するに当たって必要となる職務上の監督のために行う場合
②守秘義務の履行など身分上の監督のために行う場合
　このうち、②については、勤務時間の内外が問われません。そのため、プライベートの時間であっても、教師の信用が失われるような行為が予見される場合には、それをしないよう命じられる場合があります。

教師は終身雇用?

 よほどのことがない限り定年まで働けますが、10年に一度免許の書き換えがあります。

1. 教師の身分は保障されている?

　公立学校の教師は、教師である以前に一般職の地方公務員です。そのため、法律の定めによらない限り、自分の意思に反して辞めさせられることはありません。そのあたりは、民間の会社員よりも、身分が保障されているといってよいでしょう。ただし、教師の場合には、公務員の資格に加えて、教師としての資格、つまり教員免許状が必要になります。この免許状には有効期限があります。

2. 免許状の種類

　免許状には、次の3つの種類があります。

①普通免許状：大学の教職課程等で必要単位を修得したか、教育職

員検定に合格した人
② **特別免許状**：担当教科に関する専門的な知識経験・技能をもっていて、教職員検定に合格した人
③ **臨時免許状**：普通免許状取得者を採用できない場合に、教職員検定に合格した人

このうち、多くの先生方がもっているのが、普通免許状でしょう。これには、専修免許状、一種免許状、二種免許状の3つがあります。国は専修免許状の取得を推奨しており、できるだけ取りやすいよう大学院修学休業制度などを設けています。

3．日本の教員免許は更新制

以前は一度取ってしまえば、生涯有効だった教員免許状。ところが、平成19年の法律改正で、生涯有効であった教員免許状に10年の期限が設けられました。教師生活10年を迎えたら、免許更新講習を受けて、免許の書き換えを行わなければなりません。

OK? / NG? 免許状を取得したものの民間企業に15年勤めたAさんは、思い立って中学校の教師になろうと思い教員採用試験を受けた。

NG!

民間企業に15年勤めていたわけですから、Aさんの免許状の有効期間を過ぎています。まずは、免許状を再取得しなければなりません。

Aさんのようなペーパーティーチャーの場合には、救済措置のようなものがあります。教員免許状の再取得が必要となった時点で、回復講習を受講・修了することで、免許状を取得することができます。

| OK? / NG? | ある日、数学科のA先生が急性盲腸炎で突然学校を休んだので、国語科のB先生が代わりに数学の授業を行った。 |

NG!

日本では相当免許状主義がとられています。そのため、授業を行うには、該当する教科の免許状が必要です。ただし、教育委員会から免許外教科担任の許可を得ておけば問題ありません。

| OK? / NG? | 病気休職中のC先生から「教職10年目ですが、免許状更新講習を受けられないので期間を延長してください」と相談があった。 |

OK!

やむを得ない事情で、有効期間の満了日までに講習課程を修了できないときは、免許状の有効期間を延長することができます。「やむを得ない事情」には、病気休職・休暇中、起訴休職中、産前・産後や育児休業中のほか、災害、日本人学校などへの派遣中などが当たります。
なお、期間の延長は、教員免許状所有者本人の申請により行わなければなりません。

> OK? NG? 外国籍のAさんは、日本の公立小学校の先生になりたいと考え、地元の県教育委員会の教員採用試験を受けた。

OK!

外国籍の方でも、日本の教員採用試験を受けることができます。試験に合格すれば常勤講師になることができます。ただし、教諭になることはできません（公務員に関する当然の法理により）。

One Point

刑に服した人の教員免許状

　法令違反で懲戒免職になった人は、教員免許状が失効します。再び教壇に立つために免許状を取得する資格を回復するには、3年を待たなければなりません。

　同じ懲戒免職でも、罪を犯し禁錮以上の刑を受けることになり懲戒免職となった人には回復期間はありません。例外的な救済措置はあるのですが、まず教職には復帰できないと考えてよいでしょう。

　また、ひとたび「政府を暴力で破壊することを主張する政党その他の団体を結成し、又はこれに加入した者」とされた場合には、生涯にわたって、教員資格を回復することができません。

教師のライフステージ

Advice 立場が人をつくると言います。それは教師の世界も一緒。経験年数に応じたステップアップを！

1. 学校組織と主任

　学校は、よく鍋ぶた型組織だと言われます。校長先生、副校長先生（教頭先生）は上司だけど、ほかの先生方はみな同僚。先輩後輩という関係はあっても、民間企業に比べれば縦の関係をあまり意識しない（職位に差がない）フラットな組織だ、という考え方です。

　しかし、実際には、学校には学校独特の縦の関係があります。学校段階によって名称は変わるかと思いますが、教務部、研究部、生徒指導部を中心として校務を分担しているのが一般的でしょう。

　こうした各部や委員会を上手に切り盛りするのが主任の仕事です。主任は、学校運営の屋台骨を築くミドル・リーダーです。

校長先生の考えを先生方に伝えたり、調和のとれた学校運営を実現するための仕事を実施するために、必要な調整を行うのが大きなミッションとなります。

2．教師のライフステージ

学校という職場で、出世を志す方はあまりいないと思いますが、職歴に応じたライフステージはあります。新任から3年目くらいまでは、授業をある程度できるようになる段階。その後、20代は、いい授業を目指しながら、行事などの学年の仕事をしっかりできるようになる段階。30代前後になってくると、主任の役割を担って、学年全体、学校全体を見渡しながら、自分で仕事をつくっていく段階。40代近くになると、管理職になることも視野に入れながら、指導的立場に立って、校長先生のビジョンを実現していく段階です。

立場が人をつくると言います。自分の授業のことで頭がいっぱいだった頃には思いもしなかった新しい視野とやりがいが待っています。経験年数に応じたステップアップを！

◇ One Point

主任と主幹教諭はどう違う？

主任は「役割」、主幹教諭は「職」です。主任は、校長の判断で校内の教職員のなかから選ばれます。主幹教諭は、教育長から辞令を受けて（任命を受けて）職につきます。

主任の職務は連絡・調整と指導・助言にとどまりますが（立場は教諭のままなので）、主幹教諭は監督的立場に立って指示を行う準管理職的な立場にあると言えるでしょう。

実際には、主幹教諭は、校長先生の指示のもとに教務や生徒指導といった仕事を任されるので、主幹教諭になったら主任の仕事をすることになると考えてよいでしょう。

（東京都のように主任教諭を「職」と位置づけている自治体もあります）

充実した教職生活を送るために！
研修は教師の命綱

教職ほど生涯学習が求められる仕事はありません。子どもたちの学びを深める自分磨きを！

1．研修はなぜ大切？

確かな学力を育む授業ができる。

これは、学習指導力に優れているだけでは叶わないでしょう。子どもたちの「できない」を想像する力、適切に子どもたちに接する生徒指導力に加えて、社会的には優れた人間性をも求められるのが教師です。

そのため、教師には高い専門性が必要です。絶えず「研究と修養」に努めることが求められる理由がここにあります。

研修は教師の命綱。学び続けること。これこそが充実した教職生活を全うするための確かな土台となります。

2．研修の種類

研修には、大きく分けて次の3つがあります。

①職務研修

法令や条例・規則に基づき、上司の職務命令をもって職務として行う研修を職務研修と言います。

職務研修には、次の4つがあります。

[初任者研修] 初任の時期に実践的指導力と使命感を養い、幅広い知見を得させるために、1年にわたり実務に即して行う研修

[10年経験者研修] 教員としての在職期間が10年に達した後、1年以内に個々の能力・適性等に応じて行う研修

[指導改善研修] 教育委員会により指導が不適切であると認定された教師が、自らの指導の改善を図るために行う研修

[条例・規則に基づく研修] 主幹研修、管理職研修など、自治体の条例・規則等に基づき、教育委員会の判断により行う研修

②職専免研修

職能成長を期して校長先生の承認を受け、勤務時間中に職務専念義務を免除されて行う研修を職専免研修と言います。

職専免研修には、次の2つがあります。

[承認研修] 授業に支障のない場合に、校長先生の承認を受けて、勤務時間中に勤務場所を離れて行う研修

[長期研修] 教育委員会の許可を受けて、現職の身分のまま勤務場所を離れ、長期にわたって行う研修（社会体験研修、海外留学、内地留学等）

③自主研修

自らの意思で、自主的に行う研修を自主研修と言います。

[勤務時間外の自主研修] 教師の自由意思で主体的に行う研修

[勤務時間内の自主研修] 年次有給休暇などを取得し、主体的に行う研修

OK? NG?

校長先生に「8月1日から3日間、勤務時間中に民間主催の研修会に参加したい」と申し出た。

OK!

勤務時間中であっても、授業に支障がなく、教師の職能成長に寄与するものであれば、校長先生の承認を得て、民間の研修会に参加することができます。

OK? NG?

「他校の教員仲間と数学の研究会を立ち上げた。8月20日に研修会を開きたいので、視聴覚室を使わせてほしい」と申し出た。

OK!

ケースの研修会は、数学科の指導力向上を目的としていますから、特別なことでもない限り許可されないことはないでしょう。通常であれば、校長先生が職務専念義務を免除してくれます。そうでなければ、年休を取得して行うことになります。
視聴覚室の使用は、施設の目的外使用に当たるので、事前の事務手続きが必要になる場合があります。

| OK? NG? | 「職員団体主催の教研集会に参加するので、職務専念義務を免除してほしい」と申し出た。 |

NG!

このケースで職務専念義務を免除されることはないでしょう。教師が有給で職員団体のための活動を行うことを許容することになりかねないからです。(地方公務員法55条の2⑥)

◇ One Point

研修には、より高きをめざすものと、不足分を取り戻すものの2つがあります。

　研修といえば、より高きをめざすもの、というほうが一般的だと思います。教科の指導力をより一層高める、子ども理解をさらに充実する、職場を離れて未来の教育のために見聞を広めるなど、いまある力をさらに伸ばすといったポジティブな研修です。

　その一方で、このままでは教壇に立たせることができないので、なんとか最低限の力量を身につけさせるといった研修もあります。指導改善研修がこれに当たります。

　ポジティブに教職ライフを過ごしていくためにも、日々の積み重ねを大事にしていきたいものです。

学習指導要領はなぜ大切？

Advice　**全国どの地域でも同じ水準の教育を受けられるのが日本の強みです。**

1. 学習指導要領とは？

　「学習指導要領なんて別にいらないんじゃない？」と考えている先生はいないでしょう。しかし、日々の授業を行っていて「やっぱり学習指導要領は大事だよね」と感じることもあまりないかもしれません。

　このように、日々の授業を通して、その大切さをなかなか実感できない学習指導要領とは、そもそも何なのでしょう。

　少々むずかしく言うと、「全国どこにおいても、一定水準の教育を受ける機会を国民に保障するため、国（文部科学省）が策定した教育課程の基準」を言います。

これだけを読むと、「全国で一定の教育水準」って「当たり前のことだよね？」という気もします。しかし、この「当たり前」は、日本独特のもので、世界の「当たり前」では必ずしもありません。

　日本の識字率の高さは、江戸の時代から世界を驚嘆させるものでしたが、殊に戦後、当時としては世界でも珍しいナショナル・カリキュラム（学習指導要領）のもとに、全国の先生方が子どもたちを熱心に教育されたことで、「一部の突出したエリートを生み出す」というのではない、「どの子でも読み書きができる、どの子でも計算ができる」という日本独特の社会を築き上げてきたといえます。

　日常、「当たり前」のように行っていることが、実は世界でも評価の高い「日本」という形をつくっているのです。

2. 学習指導要領と授業計画

　日々の授業計画を、先生方はどのように立てられているでしょう。ひとつには、教科書会社の指導書や市販の教育書に掲載されている授業計画をベースに、学校や地域の特性に応じて一部を書き換えて作成する、あるいは、諸先輩方が作成した授業計画をベースに、必要に応じて書き換えながら作成するなど、いくつかの方法があるかと思います。

　このとき、疑問に思われたことはありませんか？　単元の目標や1時間の授業のめあて、あるいは評価規準は、（多少の違いはあるにせよ）指導書も市販本も先輩方の計画も同じような言葉が使われていることに。

　これはけっして何も考えずに使い回しをしているわけではありません。学習指導要領に規定している教育内容の言葉を使って、目標を立てたり、めあてを設定しているからです。

　つまり、学習指導要領の内容項目を抜き出し、自分の行いたい授業にマッチするよう言葉を継ぎ足すことで、まっさらな状態からオリジナルの授業計画を自分の力でつくることができるのです。

| OK? / NG? | 社会科の終末で、学習問題への答えをより自分事とするために、学習指導要領に定める標準授業時数を超えて授業計画を作成した。 |

OK!

学習指導要領に定める事柄は、あくまでも大綱的な基準ですので、標準時数を超えて授業を行うことができます。ただし、その場合にも、時間割が詰め込みにならないよう配慮が必要です。

| OK? / NG? | 中学2年に上がった頃に不登校となったAさんの学業の遅れを取り戻すため、中学1年と同じ授業計画を作成した。 |

OK!

義務教育では、年齢主義をとっているので、本来であれば、Aさんには中学2年の教育内容を教えなければなりません。しかし、不登校による学業の遅れにより、よりいっそう授業がわからなくなるおそれがあります。不登校を理由に、特別の教育課程を編成する必要が生じた場合には、学習指導要領の基準によらないで授業計画を作成することができます。

| OK?/NG? | 小学校家庭科の調理実習で、地元の漁師さんがもってきてくれたアジを子どもたちが包丁で三枚に下ろす授業を行った。 |

NG!

学習指導要領はあくまでも基準でいろいろな応用がきくものですが、次のような禁止事項を置いているものもあります。
「調理に用いる食品については、生の魚や肉は扱わないなど、安全・衛生に留意すること」

One Point

教育課程とは何？

　教育課程とは「学校教育の目的や目標を達成するために、教育の内容を児童生徒の心身の発達に応じ、授業時数との関連において総合的に組織した学校の教育計画」を言い、各学校が地域や学校の事情を勘案して編成します。

　教育課程の基準といった場合には、学習指導要領を意味し、国（文部科学省）が策定します。学習指導要領は、家庭のみならず社会までをも巻き込んで、いつの時代にも論争の的。教育内容が過重になれば知識偏重の詰め込み教育と言われ、ゆるやかになれば学力低下の声があがります。それだけ注目を浴びるのも、学習指導要領は次代を生きる子どもたちの将来に強い影響力を及ぼすからでしょう。

障害のある子も、ない子も、共に学べる学級づくり

 専門家ではない担任の先生でも「合理的配慮」が求められます。

　何十人もの子どもたちをいっぺんに受けもたなければならない学校の先生。勉強が苦手な子もいれば、運動の苦手な子、クラスメートとコミュニケーションを図るのが難しい子などさまざまな子どもたち。こうした子どもたちのなかには、能力や性格だけではちょっと説明がつかない「あれ？」と思う子がいます。いわゆる「特別な支援」が必要な子（発達障害の認められる子）です。

　文部科学省の調査によると、学習面・行動面で著しい困難を示す子は6.5％いると言われます。35人学級であれば、1クラスに2人はいることになります。「特別な支援」が必要な子は、決して「まれな存在」ではありません。

通常の学級であっても、ある程度は担任の先生が自分たちの力で対応していかなければならないのがいまの学校です。

　そこで、ここでは、「特別な支援」が必要な子どもに対して、どのような考え方で取り組めばよいかを紹介します。

1．インクルーシブ教育システム

　インクルーシブ教育システムとは、「人間の多様性を尊重し、障害者が自分の能力をフル活用させて、一般社会に自由で効果的に参加できるようなるために、障害のある者と障害のない者が共に学べる仕組み」を言います。

　インクルーシブ教育では、次の3つの事柄が求められています。
①障害のある者が排除されない。
②自分の生活する地域において初等中等教育の機会が与えられる。
③個人に必要な「合理的配慮」が提供される。

2．合理的配慮

　「合理的配慮」とは、「障害のある子どもが、他の子どもと平等に学校教育を受けられるようにするために、学校や教育委員会がさまざまな環境を整える配慮」を言います。

　体制面、財政面において、学校や教育委員会に過度の負担を強いるものではないとしながらも、「合理的配慮」の否定は、障害を理由とする「差別」に含まれるとされており、相当強い制約を課すものでもあるとも言えます。

3．「合理的配慮」の例

①全障害種共通
○バリアフリーやユニバーサルデザインの観点を踏まえた障害の状態に応じた適切な施設整備
○障害の状態に応じた専門性を有する教員等の配置
○移動や日常生活の介助及び学習面を支援する人材の配置
○障害の状態を踏まえた指導の方法等について指導・助言する理学

療法士、作業療法士、言語聴覚士及び心理学の専門家等の確保
○点字、手話、デジタル教材等のコミュニケーション手段を確保
○一人一人の状態に応じた教材等の確保（デジタル教材、ＩＣＴ機器等の利用）
○障害の状態に応じた教科における配慮（例えば、視覚障害の図工・美術、聴覚障害の音楽、肢体不自由の体育等）
②ＬＤ、ＡＤＨＤ、自閉症等の発達障害の場合
○個別指導のためのコンピュータ、デジタル教材、小部屋等の確保
○クールダウンするための小部屋等の確保
○口頭による指導だけでなく、板書、メモ等による情報掲示

One Point

バリアフリー、ノーマライゼーション、インクルーシブ教育システム、ユニバーサルデザイン

　バリアフリーは、障害のある人が、社会生活に参加する上で支障となる物理的な障害や、精神的な障壁（バリア）を取り除くという考え方を言います。

　ノーマライゼーションは、障害のある人もない人も、互いに区別されることなく、一緒に社会生活を営んでいくという考え方を言います。インクルーシブ教育システムは、障害のある者とない者が共に学べる仕組みを言いますから、ノーマライゼーションの考え方と相通じるものがあります。

　一方、ユニバーサルデザインは、本来的には、障害の有無、年齢、性別、人種等にかかわらず多様な人々が利用しやすいよう都市や生活環境を整備するというコンセプトから生まれたプロダクトデザインの総称です。

　近年は教育現場においても、こうしたユニバーサルデザインの考え方が取り入れられた授業が試行錯誤されています。

| OK? / NG? | 「せっかく特別支援学級に入れてもらったのですが、やはり特別支援学校に移したい」という連絡を受けたので転学させた。 |

OK!

特別支援学校と小・中学校間の転学については、障害のある子どもの障害の状態の変化だけでなく、教育上必要な支援内容の変化によっても柔軟に対応することができます。

| OK? / NG? | 病弱で長期入院中の子どもの保護者から、学業の遅れを心配する相談を受けたので、訪問教育を行うことにした。 |

OK!

ほかにも、ICT等を活用した指導を行うことも考えられます。また、退院後自宅で療養することになった場合にも、保護者や医療機関と連携しながら継続的な対応が求められます。

読み書き計算が苦手なのには理由があります — LDへの対応

ちょっとした発想の転換で、わかりやすい指導に大変身!

　ＬＤとは、Learning Disabilitiesの略で「学習障害」を言います。全般的な知的発達に遅れはないものの、聞く、話す、読む、書く、計算する、推論する能力のうち、特定のものの習得と使用に著しい困難を示す様々な状態を示すとされています。

　学習障害のある子への指導は、主に教科の学習の遅れを補う指導が中心。どのような点に困難を示すのかをよく把握した上で個別指導を行うとよいでしょう。

　たとえば、①困難のある能力を補うための教材を用いた指導、②スモールステップによる指導、③同一の課題を繰り返して根気や集中力を養う指導などがあげられます。

| OK? / NG? | 算数のかけ算が苦手なAさん。九九は覚えたけど、筆算しようとすると位を間違えてしまうので、国語のノートを使わせた。 |

OK!

位を間違えて計算する子は、筆算するときに位を揃えて書くのが苦手。そこで、国語のノートを使わせる方法があります。縦横のマス目があるので位がずれずに済みます。

| OK? / NG? | Bくんは漢字の書き取りが大の苦手。C先生は「10回書いてダメなら、100回書きなさい」と指導した。 |

NG!

「習うより慣れろ」では、決してできるようにならないのがLDの子の特徴です。努力の強要では、学習効果はあがるどころかむしろ逆効果。勉強が嫌いになるだけです。

どうしてもじっとしていられません ― ADHDへの対応

物事を順序よく覚えることが苦手な子に「無理強い」は逆効果。しっかり時間をかけて、その子自身が考える習慣づくりを！

　ＡＤＨＤとは、Attention Deficit/Hyperactivity Disorder の略で、「注意欠陥／多動性障害」を言います。年齢や発達に不釣り合いな注意力、衝動性、多動性を特徴とする行動障害で、社会的な活動や学業の機能に支障を来すとされ、中枢神経系に何らかの要因による機能不全があるとされています。

　ＡＤＨＤの子には、生活技能（主として対人関係技能）や自己管理能力を高めるなど、低年齢段階からのきめ細かな指導が大切です。

　また、自信回復や自尊心（自己有用感）の確立に努め、自分の行動を振り返ったり、友達が自分をどう見ているのかを理解させる取組が有効です。その際、叱るよりも褒めるほうが効果的。

| OK? / NG? | 突然、走り出してしまうAくんに配布係を任せたB先生。毎日職員室から教室まで一緒に歩き、走り出そうとするたびに制止した。 |

OK!

走り出すたびに制止して「よく止まったね」と褒めます。これを毎日繰り返すと、今まで叱られていたことが、褒められることに早変わり。次第に走り出す回数が減ることも。

| OK? / NG? | Cさんを毎日、何か褒めようと決心したD先生。しかし、褒めるネタが思いつかず、苦し紛れに「ありがとう」と言ってみた。 |

OK!

毎日のように問題を起こす子を褒めるのはなかなか難しいものです。褒めるとは、その子の自尊感情を高めること。実は「ありがとう」にも、その効果があるのです。

どうしてもじっとしていられません

方法の平等ではなく、教育効果の平等を —高機能自閉症への対応

**みんな一律の指導でなくてよいのです。
その子に合った指導方法を工夫しましょう。**

　高機能自閉症とは、3歳くらいまでに現れ、知的発達の遅れはないものの、中枢神経系に何らかの要因による機能不全があるとされています。

　高機能自閉症の子は、他人との社会的関係の構築に困難を示し、言葉の発達に遅れが見られたり、興味・関心が狭く、特定のものにこだわります。

　また、光や音、身体接触などの刺激に対して過敏、問題を全体的に理解することが苦手です。過去の不快な体験を思い出してパニック等を起こすといった特徴があります。その一方で、図形や文字による視覚的情報の理解能力が優れているとも言われます。

| OK? / NG? | 小学校に通うAくんは高機能自閉症。強い光や音が苦手なので、カーテンを閉め切った特別教室で個別指導を行っている。 |

OK!

周囲の人から受ける刺激の少ないコーナーや、区切られた部屋で個別指導を行うなど、環境の構造化を図ることで指導の効果を高めることができます。

| OK? / NG? | 運動会当日。徒競走のピストルの音が鳴ると耳を塞いで走り回るBくん。そのつど腕を掴んで自分の席まで引っぱっていった。 |

NG!

自閉症の子どもには、どうしても我慢できない刺激があります。Bくんに対しては、ピストルの音が聞こえにくい場所に特別席を設けるなどの対応が求められます。

方法の平等ではなく、教育効果の平等を

いじめ問題に先手を打とう

Advice そもそもいじめが起きない、起きにくい、自浄作用のある学級づくりを！

　いじめを理由に自殺してしまうなど、痛ましい事件が跡を絶ちません。いじめには迅速な対応が求められますが、ひとたび起きたら、その対応は困難を極めます。それよりも、そもそもいじめが起きない学級づくりを行ったほうが賢明です。誰も傷つきませんし、何より楽です。

　いじめは未然防止が大切だと言われますが、防止策というよりも、クラスに次のような雰囲気があれば、そもそもいじめが起きない、仮に起きたとしても深刻化する手前で解決の道筋をつけることができるのではないでしょうか。

1．何かと不満はあっても、どの子も学校生活を楽しんでいる

子ども同士、お互いの違いを個性として認め合う雰囲気が大切です。勉強ができる子、運動ができる子、話が面白い子、情が深い子、無口だけどまじめにしっかりやる子など、子どもたちには苦手なことを補って余りある個性があります。その子のよさを見つけ、受け止め、クラス全体に広げていければ、自然と学校生活は楽しいものになります。逆に、相手のよさには見て見ぬ振りをするような態度やそぶりを許してはいけません。このような態度を容認すると、教師の知らないうちに、陰口を言ってもいいような気分が水面下で生まれ、いじめに発展する下地をつくってしまいます。

２．一方的に理不尽なことを言ったりしたりした子がいたら、本気で叱ってくれる先生がいる

　「いじめは絶対に許さない」という教師の断固たる決意が大切です。教師のこのような態度は、必ず子どもたちに伝わります。そうなれば、「たとえ何かがあっても、きっと先生が解決してくれる」という安心感を子どもたちに与えます。

３．「いじめは悪いこと」という共通認識が、子どもたちを傍観者にさせない

　周囲の子どもが、いじめを止める発言をするためには、「やめなよ〜」のひと言によって、自分がいじめのターゲットにされる心配がないことが必須です。仮にその場では「やめなよ〜」と言えなくても、「いじめは悪いこと」と思っていることがお互いにわかっていれば、子どもたちのほうから教師に言いに来てくれます。

４．指導がどうしても入らない子どもがいたらチームで対応

　いじめが起きないような自浄作用がクラスで働いていれば、いじめる子はかえってクラスで孤立します。学年の先生をはじめとして、発達障害の可能性があれば特別支援教育コーディネーター、家庭の問題であれば養護教諭やスクールカウンセラーと上手に連携しながら、一人ではなくチームで対応しましょう。

いじめ発見チェックポイント

東京都教育委員会「いじめに対する指導について」より

1 **家庭や地域での表情・態度**
- □あいさつしても返さない。
- □笑顔がなく沈んでいる。
- □ぼんやりとしていることが多い。
- □視線をそらし、合わそうとしない。
- □わざとらしくはしゃいでいる。
- □表情がさえず、ふさぎ込んで元気がない。
- □周りの様子を気にし、おずおずとしている。
- □感情の起伏が激しい。
- □いつも一人ぽっちである。

2 **身体・服装**
- □体に原因が不明の傷などがある。
- □けがの原因をあいまいにする。
- □顔色が悪く、活気がない。
- □登校時に、体の不調を訴える。
- □寝不足等で顔がむくんでいる。
- □ボタンが取れていたり、ポケットが破けたりしている。
- □シャツやズボンが汚れたり、破けたりしている。
- □服に靴の跡がついている。

3 **持ち物・金銭**
- □かばんや筆箱等が隠される。
- □ノートや教科書に落書きがある。
- □靴や上履きが隠されたり、いたずらされたりする。
- □必要以上のお金を持っている。
- □なくした、落としたなどと言うことが多い。

4 **言葉・行動**
- □他の子どもから、言葉かけを全くされていない。
- □いつもぽつんと一人でいたり、泣いていたりする。
- □登校を渋ったり、忘れ物が急に多くなったりする。
- □家から金品を持ち出す。

5 **遊び・友人関係**
- □友達から不快に思う呼び方をされている。
- □付き合う友達が急に変わったり、教師が友達のことを聞くと嫌がる。
- □友達から笑われたり冷やかされたりする。
- □特定のグループと常に行動を共にする。
- □プロレスごっこ等にいつも参加させられている。
- □よくけんかが起こる。
- □他の人の持ち物を持たせられたり、使い走りをさせられたりする。

6 **教師との関係**
- □教師の話をしなくなる。
- □教師とかかわろうとしない、避けようとする。

◇ One Point

ＰＴＡや学校運営協議会をフル活用

子どもたちが安心して学校生活を送れるようにすることが大事です

　子どもたちは、保護者の態度に敏感です。たとえ悪いことだと知っていても、「別にいいんじゃない？」という態度で返されれば、「悪いことをしても自分は許される」と自分に都合のよい結論を引き出してしまいます。

　そのため、仲が悪い保護者がいたり、学校への不信感があると、日常的に聞かされる嫌いな保護者の悪口や学校への不平・不満が、子どもたちの社会にもちこまれて、代理戦争のようなかたちでいじめに発展する場合もあります。

　そのような意味では、保護者も子どもと同じです。「わが子が楽しそうに学校に行っている」「あのお母さんにもいいところはある」「いい学校に通わせられてよかった」と思ってもらえれば、こうした問題は起きません。

　そのためにも、学校や教室を外に開き、保護者がいつでも学校に来て、授業を観て、先生と直接話ができる環境づくりが大切です。しかし、とにかくも忙しいのが現代の学校です。先生方がすべてに対応できるはずもありません。そこで、ＰＴＡや学校運営協議会などをフル活用し、学校に協力的な保護者や地域の方々の力を借りて上手に対応しましょう。

不登校の子どもには、手間暇かけてじっくり対応

 不登校の原因は本当にさまざま。その子の原因を探り関係機関と連携して対応！

　平成26年9月に文部科学省の行った調査によると、不登校のきっかけは、感情の行き違いやいじめなどの「友人」（男子43.4%、女子60.9%）、「勉強」（男子31.6%、女子31.9%）、体罰や暴言といった不適切な指導などの「教師との関係」（男子25.0%、女子27.7%）が背景にあるようです。

　こうした「学校生活の問題型」のほかには、やる気がおきなくて学校に行けない「無気力型」、他人の目が気になって仕方がない「情緒的混乱型」、悪友と遊びたくて学校に行きたくない「非行型」といったタイプがあります。

　いじめや学業不振など、本人自身が自覚できる明確な理由がある

場合もあれば、自分でもよくわからない感情に苛まれて学校に行けない場合もあるなど、不登校の原因は本当にさまざまです。

登校刺激にしても、ただただ「学校に来なくてはだめだ」と叱るばかりでは事態が好転しない場合が多い一方で、その子の登校意思を待つとして「じゃ、行きたくなければ行かなくてよい」としてしまっても、かえってマイナスに働くこともあります。

こうした不登校の子どもたちに対応するためには原因や気持ちを探り、その子に合った対応方法をそのつど考える必要があります。

その際、当面「行きたくなければ行かなくてよい」としつつも（無理強いはせずに）、例えば「条件つきで戻る」（留保しつつも学校に戻ることが前提）といった態度を継続的に示すことが、その子を見放さないことにつながります。

適応指導教室などの関係機関と連携を図りながらチームで対応していくことが求められます。

| OK?/NG? | 不登校になったAさん。自宅から外に出られず、適応指導教室などにも通えずにいたので、自宅学習に対しても出席扱いとした。 |

OK!

自宅であっても、教育委員会、学校、学校外の公的機関、民間事業者が提供するICT等を活用した学習活動を行った場合にも、指導要録上出席扱いにすることができます。

どれだけ手を尽くしても、悪さをやめない子がいたら…

問題のある子の出席停止は、ほかの子どもたちの学習権を守るための最終手段。

　学校は子どもたちが安心して学ぶことができる場でなければなりません。そのため、教師は、子どもたちの生命や心身の安全を確保する責任を負っています。

　子どもたちの安全を脅かすものには、災害、感染症、事件や事故などがありますが、このほかにもいじめや暴力行為、授業の妨害といった危機もあります。

　こうした子どもの問題行動への対応には、日々の指導の充実が欠かせませんが、どれだけ手を尽くしても困難なときもあります。このような危機への対応策の一つとして出席停止制度があります（学校教育法35条）。出席停止措置を講じるに当たっては表を参照。

表　問題行動が深刻化したら… 　　　　　　　出典：佐藤晴雄『新・教育法規解体新書ポータブル』

事前の指導
問題行動への対応に当たっては、日常の指導が重要。出席停止措置を検討する前に、まずは生徒指導の充実を図る。

⇢ ### 日常の生徒指導の充実
- 体験活動を効果的に取り入れるなど、豊かな人間性を育成する指導の徹底
- 校内の教育相談の充実
- 問題行動の早期発見・早期対応
- サポートチームの整備・活用
- 深刻な問題行動を起こす子どもへの個別の指導・説諭

効果あり →

↓ 効果なし

出席停止の検討
最大限の努力を行っても解決せず、他の子どもの教育が妨げられている場合には、出席停止の要件に当てはまるか検討。

⇢ ### 出席停止の要件
- 他の子どもに傷害、心身の苦痛、財産上の損失を与える
- 職員に傷害や心身の苦痛を与える
- 施設・設備を損壊する
- 授業その他の教育活動の実施を妨げる

該当しない ⇢

↓ 該当する

出席停止措置
市町村教委は、所定の手続きを踏んで出席停止を命じるとともに、学校と連携して期間中の学習支援を行う。

⇢ ### 事前の手続き
- 校長の意見の尊重、関係機関との連携
- 保護者への説明、指導要録への記載
- 子ども、保護者双方の意見の聴取

命令の手続き
- 出席停止の理由・期間を記載した文書の交付
- 出席停止を命じた趣旨や個別指導計画の内容など、今後の方針についての説明

期間中の措置
- 教科の補充指導、体験活動を行うなどの学習支援の実施
- サポートチームを組織し、子どもや保護者への指導や援助を行う
- 警察等との連携の下に問題行動の未然防止に努める

↓

継続的な生徒指導の充実
- 学校は、保護者や関係機関との連携を強めながら、子どもの将来に対する目的意識をもたせるなど、適切な指導を継続する。
- 子どもや地域の実情に応じて社会奉仕体験や自然体験、勤労体験・職業体験などの体験活動を効果的に取り入れる。
- 協力し合って学校や学級の生活を向上させることの大事さを認識させる。

どれだけ手を尽くしても、悪さをやめない子がいたら…

| OK? / NG? | どれだけ指導しても、授業中に騒ぎ出したりケンカをはじめてしまう中学生のAくん。懲らしめるために出席を停止した。 |

NG!

出席停止は、ほかの子どもたちの学習を守るための制度です。小・中学校では、どのような理由であっても、懲戒を目的として学校に来させないこと（自宅謹慎、停学）は許されません。

| OK? / NG? | Bさんは、いくら指導しても、同じクラスのCさんへのいじめをやめようとしない。そこで、校長先生はBさんの出席を停止した。 |

NG!

出席停止は、教育委員会の判断で講じられます。校長先生の意見は尊重されなければなりませんが、権限を委任したりするなど、校長先生の一存に委ねることはできません。

OK? NG?

盗み癖があるDくん。どのように指導しても、先生方の持ち物を無断に持ち帰ってしまう。そこで、出席を停止することにした。

NG!

出席停止の要件には、子どもたちの「金品の強奪」は含まれますが、先生方に対する「財産上の損失を与える行為」は含まれません。

One Point

出席停止の要件

次の行為が繰り返されたときに出席が停止されます。

①他の子どもに傷害、心身の苦痛、財産上の損失を与える行為

威嚇、金品の強奪、暴行等が該当します。いじめについては、傷害には至らなくても、一定の限度を超えて心身の苦痛を与える行為については対象となります。

②職員に傷害、心身の苦痛を与える行為

職員に対する威嚇、暴言、暴行等が該当します。

③施設や設備を壊す行為

窓ガラスや机、教育機器などを破壊する行為が該当します。

④授業などの教育活動の実施を妨げる行為

授業妨害のほか、騒音の発生、教室への勝手な出入り等が該当します。

地震、台風、インフルエンザ、危険を感じたら臨時休業

臨時休業には、子どもたちの安全と健康を守るために迅速な判断が必要です。

1．臨時休業は何のためにある？

　子どもたちが毎日を楽しく生き生きと過ごしていくためには、何より子どもたちの安全と健康の確保が第一です。そのためには日頃の健康管理と健康教育の充実が望まれますが、災害が起きたり、インフルエンザが流行したら、学校として被害を最小限に食いとめるために、緊急手段を講じることが求められます。その一つに臨時休業があります（学校教育法施行規則63条）。

2．どのようなときに臨時休業になる？

　学校が臨時休業になるのは、「非常変災その他急迫の事情」と「感染症予防の必要」があるときです。

① 「非常変災その他急迫の事情」

「非常変災」には、地震、火災、台風、豪雪、豪雨といった自然災害、「その他急迫の事情」には、不審者の校内侵入といった子どもたちや先生方の身が危険に晒される（怖れがある）状況などが該当します。

② 「感染症予防の必要」

「感染症予防の必要」があるときとは、インフルエンザなどの流行、集団中毒の発生といった学校保健衛生上の緊急事態が該当します。

③ 臨時休業の決定

①の「非常変災その他急迫の事情」があるときは校長先生、②の「感染症予防の必要」があるときは教育委員会が臨時休業を決定します。

①の決定を校長先生が行うのは、事前に教育委員会に連絡する余裕がなく迅速な判断を必要とするからです。

OK? NG?　午後の授業で体調不良を訴える子どもが多発した。そこで、午後の授業をすべて取りやめ、翌日を臨時休業とした。

OK!

臨時休業を決定したら、①授業を行わない期間、②非常変災その他急迫の事情の概要、③臨時休業の対象となる学年・学級、④その他必要と認める事項を教育委員会に報告します。

緊急対応が必要な感染症の種類と対応方法

出席停止の期間は、感染症の種類に応じて事細かく決められています。

　ある子が、①感染症にかかっている、②感染症にかかっている疑いがある、③感染症にかかるおそれのある場合には、ほかの子どもたちの安全と健康を守るため、その子を学校に来させないようにしなければなりません（学校保健安全法19条）。

　校長先生が感染症を理由として出席停止を決定したら保護者に伝えます。これは、臨時休業と同様に、子どもたちや先生方に感染症を拡大させないための緊急措置として行う措置です。

　以前は、「伝染病」と呼ばれていましたが、近年脅威が伝えられている鳥インフルエンザの影響を受けて、「人」だけでなく「動物」から「人」への感染を考慮し、「感染症」とされています。

表　感染症ごとの出席停止の期間

出典：佐藤晴雄『新・教育法規解体新書ポータブル』

	種類	出席停止の期間
第一種	・エボラ出血熱 ・クリミア・コンゴ出血熱 ・痘そう ・南米出血熱 ・ペスト ・マールブルグ病 ・ラッサ熱 ・急性灰白髄炎 ・ジフテリア ・重症急性呼吸器症候群（病原体がコロナウイルス属SARSコロナウイルスであるものに限る） ・鳥インフルエンザ（病原体がインフルエンザウイルスA属インフルエンザAウイルスであってその血清亜型がH5N1であるものに限る）	・治癒するまで
第二種	・インフルエンザ（鳥インフルエンザ（H5N1）を除く） ・百日咳 ・麻しん ・流行性耳下腺炎 ・風しん ・水痘 ・咽頭結膜熱 ・結核、髄膜炎菌性髄膜炎	・発症した後5日を経過し、かつ解熱した後2日（幼児にあっては3日）を経過するまで ・特有の咳が消失するまで、又は5日間の適正な抗菌性物質製剤による治療が終了するまで ・解熱した後3日を経過するまで ・耳下腺、顎下腺又は舌下腺の腫脹が発現した後5日を経過し、かつ全身状態が良好になるまで ・発しんが消失するまで ・すべての発疹が痂皮化するまで ・主要症状が消退した後2日を経過するまで ・病状により学校医その他の医師において感染のおそれがないと認めるまで

病状により学校医等の医師において感染のおそれがないと認めたときは、この限りでない

	種類	出席停止の期間
第三種	・コレラ ・細菌性赤痢 ・腸管出血性大腸菌感染症 ・腸チフス ・パラチフス ・流行性角結膜炎 ・急性出血性結膜炎 ・その他の感染症	・病状により学校医その他の医師において感染のおそれがないと認めるまで
その他	・第一種若しくは第二種の感染症患者のある家に居住する者又はこれらの感染症にかかっている疑いがある者 ・第一種又は第二種の感染症が発生した地域から通学する者 ・第一種又は第二種の感染症の流行地を旅行した者	・予防処置の施行の状況等の事情により学校医等の医師において感染のおそれがないと認めるまで ・感染症の発生状況により必要と認めたとき、学校医の意見を聞いて適当と認める期間 ・状況により必要と認めたとき、学校医の意見を聞いて適当と認める期間
	・感染症の予防及び感染症の患者に対する医療に関する法律6条⑦〜⑨までに規定する新型インフルエンザ等感染症、指定感染症、新感染症	・治癒するまで（第一種感染症に対する措置と同様の措置を講じる）

学校保健安全法施行規則18、19条

| OK? / NG? | 鳥インフルエンザ（H5N1）で出席を停止されていたAさん。保護者の希望で、発症から1週間後に登校させた。 |

NG!

鳥インフルエンザの出席停止期間は、発症した後5日を経過し、かつ解熱した後2日を経過するまでです。7日経過していても、熱が下がっていなければ登校させることはできません。

| OK? / NG? | 麻しんで療養していたBくん。熱が下がってから2日しか経っていなかったが、医師の許可が出たので登校させた。 |

OK!

麻しんの出席停止期間は解熱した後3日を経過するまでですが、「病状により学校医等の医師において感染のおそれがないと認めたとき」は登校させることができます。

| OK? / NG? | 新型のインフルエンザにかかったCくん。発症した後5日を経過し、かつ解熱した後2日を経過したので登校させた。 |

NG!

新型インフルエンザの場合には、通常のインフルエンザと違い、第一種感染症と同じ扱いとなります。完全に「治癒するまで」登校させることはできません。

One Point

発症しているのかはっきりしない感染症だったら…

出席停止の期間は、感染症を発症したことが明らかになった段階での期間です。そのため、発症の「疑い」の段階では、あらかじめ期間の設定はできません。

また、デング熱など、表に示した感染症以外のものであったり、新型や再興型などのように治療法が確立していないような場合も同様です。

そのため、感染症への対応に当たっては、何よりも医療機関や自治体の保健部局等と連携し、十分情報交換を行うことが大切です。さらに感染が広がる怖れがあるようなら、学級閉鎖や学校閉鎖も必要になります。

校長先生の指示のもと、学年の先生方と連携しながらしっかり対応しましょう。

第2章

してはいけないこと

　教師と子どもは対等ではありません。「学び合い」を大切にする教育がトレンドである今日であっても、教える側と教わる側の力関係は、昔と何ひとつ変わりません。先生は評価者であり、強い影響力をもつ立場にあります。その自覚を失うと、さまざまなトラブルに発展します。
　そこで本章では、教師の社会的な立場や社会的影響力について紹介します。

教師の指導で許されないこと
—古くて新しい問題「学習権の侵害」そして「体罰」

Advice　「廊下に立たせるなどして、授業を受けさせない」などということのないように。

1．子どもへの指導で求められること

　教師の指導には、学習指導と生徒指導があります。このうち、生徒指導とは、「子どもの人格のよりよい発達と学校生活の充実を目指して、教育活動の全領域において行う教育活動」を言います。

　生徒指導は、いじめや不登校、暴力行為といった問題行動等への対応に限られるものではなく、子どもの人格を尊重しつつ、自主性・主体性のある子どもを育んでいくという積極的な意義があります。

　もし、遅刻が絶えない子、授業中に騒ぎ出す子、忘れ物が多い子、ケンカばかりする子がいたら、教師として適切に指導しなければなりません。

授業中の問題行動であれば、その子の行動をやめさせるだけでなく、他の子どもたちの学習権を守ることにもつながります。このような場面で求められる指導を総称して「懲戒」と言います。

2. 懲戒

「懲戒」には、大きく分けて次の2つがあります。

①教師として許される懲戒
②教師として許されない懲戒

①には、「注意」「叱責」「説諭」「別室指導」「起立の指示」「居残り命令」「清掃指示」などがあります。

「注意」「叱責」「説諭」「別室指導」は、その子の問題行動をやめさせ、教室内の秩序を回復するとともに、ルールを守ることの大切さをその子に教えるために必要な懲戒です。

「起立の指示」「居残り命令」「清掃指示」は、今後同じような問題行動の発生を未然に防ぐために課す懲罰的な懲戒です。後述しますが、身体的苦痛を伴わないよう一定の配慮が必要になります。

②には、「学習権の侵害」「体罰」があります。

「学習権の侵害」とは、故意に授業を受けさせないことを言います。授業中にケンカをはじめた子を授業中廊下に立たせることは、懲戒としては行き過ぎた行為といってよいでしょう。

「体罰」とは、「身体に対する侵害を内容とする懲戒」を言います。殴る・蹴るといった直接的な暴力的行為だけでなく、寒空の下で長い時間正座させる、炎天下で校庭を走り続けさせるといった行為も、体罰の一種だとされます。

どのような行為が体罰に当たるかは、子どもの年齢や健康状態、懲戒を加えた場所や時間といった様々な条件を総合的に勘案して決定されます。なお、授業中に廊下に立たせる行為なども、真冬の厳しい時期に長時間にわたれば、学習権の侵害であるだけでなく、身体的苦痛を伴うものとして体罰とみなされる場合があります。

| OK?／NG? | 何度注意しても忘れ物をするMくんを放課後教室に残留させた。 |

OK!

次の行為も許されます。
・授業中、教室内に起立させる。
・学習課題や清掃活動を課す。
・学校当番を多く割り当てる。
・立ち歩きの多い児童・生徒を叱って席につかせる。
・練習に遅刻した生徒を試合に出さずに見学させる。

ただし、トイレに行きたがっているのに室外に出さないとか、食事時間をすぎても長く留めおくことがあれば許されません。

| OK?／NG? | 授業中、いくら注意しても騒ぐことをやめないUくんをいったん教室の外に出した。 |

OK!

懲戒としてではなく、他の子どもたちの学習権を保障することを目的として、その子が騒ぐのをやめて落ち着くまでの間、教室の外に出すことは許されます。

OK? / NG?　宿題を忘れてきた子を、教室の後方で正座で授業を受けさせた。その子は、苦痛を訴えたが、そのままの姿勢を保持させた。

NG!

長時間にわたって同じ姿勢をとらせることは、身体的苦痛を伴うものです。どのような理由であっても、このような行為は許されません。

One Point

もしも子どもが殴りかかってきて身の危険を感じたら…

教師に対する子どもの暴力行為に対して、教師が防衛のためにやむを得ず（懲戒行為としてではなく）、反撃したことにより、結果として子どもにケガをさせたという場合は、体罰には該当しません（「正当防衛」）。

また、他の子どもたちに被害を及ぼすような暴力行為に対して、教師が制止したり、目前の危険を回避したりするためにやむを得ず行った有形力の行使についても、同様に体罰に当たりません（「正当行為」）。

①正当防衛の例：子どもが教員の指導に反抗して教員の足を蹴ったため、その子の背後に回り、体をきつく押さえた。
②正当行為の例：全校集会中に、大声を出して集会を妨げる生徒を指導したが、激しく抵抗したため、腕を手で引っ張って移動させた。

教師の指導で許されないこと

教科書を一切使わずに、授業を行うことはできません

授業において教科書を使うのは、教師の義務。たとえば、自作教材だけで授業を行うことはできません。

　教職経験を積み、自分でオリジナルの授業をつくれるようになってくると、だんだん教科書を使うことが疎ましく思えてくることもあるかもしれません。

　自慢の自作教材で、単元を通して授業を行いたい！そんな思いをもつ教師もなかにはいるでしょう。しかし、授業で教科書を使うのは、教師の義務。自作教材だけで授業を行うことはできません。

　そうはいっても、すべての授業で必ず教科書を開かないといけないというわけではありません。ワークシートを手に地域に出て行く授業もあるでしょう。「教科書を使う」というのは、「教科書に書かれてある事柄に基づいて授業を行う」という意味なのです。

| OK? / NG? | A先生は、「指導効果が高いと思いますので、社会科で自作の教材も併せて授業を行いたい」と校長先生に申し出た。 |

OK!

教科書を使いつつ、その指導効果を高めるために補助教材を使うことは何ら問題ありません。なお、補助教材を使用する場合には、教育委員会に届け出る必要があります。

| OK? / NG? | B先生は、授業で教科書を開かせるものの、教科書に書かれていることと全く違うことを教えていた。 |

NG!

教科書の内容は、学習指導要領に基づいて作成されます。つまり、教科書の内容に基づかないということは、学習指導要領から逸脱した内容を教えていることになるので許されません。

教科書を一切使わずに、授業を行うことはできません

通知表は家庭のためのもの、指導要録は学校のためのもの

指導要録と通知表とは似て非なるもの。それぞれの違いを理解しておきましょう。

1．指導要録

　指導要録とは、子どもたちの学習状況や健康の状態を記録した書類の原本を言います（法定表簿の1つ）。学校には作成・保管する義務が課せられています（原則5年。「学籍に関する記録」は20年）。

　指導要録の作成義務は校長先生にありますが、指導要録の様式を定めるのは教育委員会です。この様式は、転出入する子どもたちへの便宜等の観点から、学習指導要領が改訂するたびに国（文部科学省）が示す「参考例」をもとに作成されます。

2．通知表

　保護者に対して、学校での子どもたちの生活の様子や学習状況、

発達の状況を知らせることにより、学校と家庭が協力して子どもたちへの教育効果を高めるために作成するものです。そのため、指導要録とは違い、法的な根拠はありませんので、国（文部科学省）は関与しません。通知表の様式などは、すべて校長先生の裁量に委ねられています。

　通知表の記述欄では、その子のいいところだけでなく、改善したほうがよいことも書かなければなりません。その際、経験の浅いうちは、改善すべき点を直接的に書きすぎて表現がきつくなりがちです。

　指導の基本は、「できること」を見つけ、そのできることをさらに増やし、積み上げていくことだと言われます。「できないこと」を指摘するのではなく、そうした現状のなかに「できつつあること」の芽を見つけて表現するなど、子どもや保護者にとって励みとなる内容にしたいものです。

OK? NG? Aさんの保護者から「指導要録のうち『各教科の学習の記録』中の『所見』を見せてほしい」と言われたので開示した。

NG!

「所見」は、担任の先生が、開示を予定せずに、自分の言葉で、子どもの良い面や悪い面を問わず、ありのままを記載するものです。

もし不用意に開示すれば、子どもや保護者からいらぬ誤解や不信感、反発を招くおそれがあります。情報開示条例とも照らし合わせる必要がありますが、原則として開示しないことが妥当です。

口は災いの元！
秘密厳守は教師の義務

Advice 退職しても、かつての教え子や家庭の秘密を話してはいけません。

　教師の耳には、いろいろな情報が入ってきます。子どもの生育歴、学業成績、これまでの素行、アレルギーの有無、障害の有無、母子家庭などなど、実にさまざまです。

　こうした情報は、子どもたち一人ひとりの健全な育成を図るために欠かせないものです。

　しかし、その一方で、情報とは諸刃の剣。ひとたび外部に漏れてしまえば、教師や学校の信頼が失われるばかりか、その子や保護者の心を深く傷つけます。

　こうしたことから、教師には「秘密を守る義務」が課せられているのです。

1. 秘密とは?

「秘密」とは、「特定の人（子どもや保護者）しか知らないことのうち、それがほかの子どもたちに知られてしまうと、学校でいじめを受けたり、ほかの保護者から陰口を言われて深く傷ついてしまうような情報」といったところでしょうか。ときには、生死にかかわることもありますから、教師として本当に気をつけなければならないことのひとつです。

2. 秘密の種類

「秘密」には2つの種類があります。

① 「職務上の秘密」

指導要録や健康診断票などの記載事項など

② 「職務上知り得た秘密」

家庭訪問や子どもから聞いた家庭のプライベートな事情など

OK? / NG?　定年退職後、地域の将棋大会で、施設に預けられていたAくんの生育歴を地域の人についうっかり話してしまった。

NG!

秘密を守る義務は、勤務時間の内外にとどまらず、教職を辞めた後であっても、生涯守り続けなければならないものです。
よって、定年退職後であっても許されません。

教師という職業は、信用第一！

Advice プライベートの時間でも、教師であることの自覚を忘れないようにしましょう。

　仕事は仕事、プライベートはプライベートと割り切るのがむずかしい教師の仕事。休みの日に友人と楽しく食事をしているときでも、何かトラブルが起きたら、後々教師としての責任が問われることもあります。

　教師は、子どもを預かる仕事柄、社会的にも高い職業倫理が問われる職業のひとつです。ひとたび信用を失えば、家庭や地域との関係悪化はもちろん、子どもたちへの教育活動にも悪い影響を与えてしまいます。教師一人の過ちにとどまらず、学校教育全体に及ぶからです。こうしたことから、公私ともに、教師としての信用を失わせるような行為が禁止されているのです。

| Out? / Safe? | 休みの日に、つい気が緩んで酒気帯び運転をしてしまった。 |

NG!

道路交通法に基づく違法行為として処罰の対象となるだけでなく、教師の信用を失わせる行為として行政上の処分の対象ともなります。

| Out? / Safe? | 経験者研修に参加するよう校長に命じられたが、役に立たないと思って参加せずに映画を観に行ってしまった。 |

NG!

上司である校長の職務命令違反です。また、経験者研修は職務研修ですので、職務専念義務違反にもなります。当然に許されません。

教師という職業は、信用第一！

2-5

| Out? / Safe? | 宿題を忘れてきた子どもたちを廊下に並ばせ、プラスチックのバットで一人ずつお尻を叩いた。 |

NG！

昔ならいざしらず、今の時代では許されません。教師としての信用を失わせるだけでなく、たとえおもちゃのバットであったとしても、体罰にも該当します。

| Out? / Safe? | 地域に住む女性から、A先生がしつこくつきまとってきて困っているという陳情があった。 |

NG！

双方の主張をしっかり聴きとって、事実を確認することが先決ですが、セクハラであることが間違いなければ、当然許されず、行政上の処分の対象となります。

| Out? / Safe? | 教え子の母親と性的な関係をもってしまった。 |

NG!

法令上、不倫を禁止する規定はないので、ただちに処分の対象となるわけではありません。しかし、教え子をはじめ周囲への悪影響が大きいので、人を教える立場である教師として許される行為ではありません。

◇ One Point

「身分上の義務」は勤務時間の内外を問いません。

　教師に課される「服務義務」のうち、「身分上の義務」には、次の５つがあります（地方公務員法33〜34条、36〜38条）。
① 信用失墜行為の禁止
② 守秘義務（職務上の秘密を守る義務）
③ 政治的行為の制限
④ 争議行為の禁止
⑤ 営利企業等の従事制限

　教師の身分は、地方公務員ですが、一般の公務員とは禁止されることや制限を受けることの範囲が変わります。

　これは、「教育公務員の職務とその責任の特殊性」があることから、高度な行動規範が求められるためです。

政治的な事柄は、特に注意が必要!

どのようなときにも「中立的な立場」を求められるのが教師です。

　教師は、心身ともに未成熟な子どもたちに対して強い影響力をもつ存在です。そのため、政治的な事柄については、以下の事柄を理由に、多くの制限があります。
①全体の奉仕者（公務員）である。
②政治的影響力から子どもたちを守る。
③教育行政の中立性と安定性を確保する。
　特に、教師については、②を理由に、一般の地方公務員よりも厳しい制限が課されます（教育公務員特例法18条）。これらの制限は、勤務時間の内外を問いません。また、勤務する地方公共団体の区域の内外も問いません。全国どこにおいても制限を受けます。

| OK?/NG? | 夏休み、他県の実家に帰省した際に、叔父に頼まれて地元の名士の選挙活動を手伝った。 |

NG!

教師の場合、一般の地方公務員とは異なり、政治的行為は全国どこにおいても制限されるので、他県であっても選挙活動を手伝うことはできません。

| OK?/NG? | 育児休業中、学生時代の友人から、ある政党の寄付金集めを手伝ってほしいと言われた。 |

NG!

教師の政治的行為は、勤務時間の内外を問いません。そのため、育児休業中でも、特定の政党の寄付金集めを行うことはできません。休業中だけでなく、休暇中、休職中、停職中も同様です。また、寄付金だけでなく、賦課金、会費など金品を求めたり、受領するような事柄もすべて制限されます。さらに、直接的に受領するのでなくとも、間接的に関与することも許されません。

政治的な事柄は、特に注意が必要！

> **OK? / NG?** 総合の授業で原発問題を扱った。単元の最後に、子どもたちから、地域で原発に反対する署名活動しようと声が上がった。

NG!

子どもたちが、学校の教育活動とは関係のない活動として、自主的に署名活動を行うことを制限するものではありません。しかし、教育課程上の活動の一環として行うことは、結果的に特定の政党を支持することにつながる可能性があります。また、教師が引率して一緒に署名活動を行うことは、政治的行為とみなされる場合がありますので控えたほうがよいでしょう。

> **OK? / NG?** A先生は、教育熱心で社会科の授業で政党政治についてより深い理解を図られるようディベートを行った。

OK!

学校教育では、特定の政党を支持するなど、党派的政治教育を行うことはできません。しかし、このことは、政治教育を行うことまでを禁止するものではありません。そのため、社会科の授業で、政党政治の是非についてディベートを行うことは差し支えありません。ただし、その際にも、特定の党派に偏らない配慮が必要です。

| OK? / NG? | 勤務時間外に、組合の会合で腕章をつけるように指示を受けた。しかし、よく見ると政治的メッセージの色濃い腕章だった。 |

OK!

勤務時間外であれば、政治的主張を表す腕章、服飾等を着用することは、法令上禁止されていません。ただし、組合の活動自体が政治性を強く帯びるものであれば許されません。

One Point

教師の政治的行為は、なぜ一般の地方公務員よりも厳しい制限を受けるの？

教師は地方公務員です。しかし、一般の公務員の仕事とは違い、教育は国民全体に直接責任を負って行われるもので、一地方限りの利害にとどまるものではありません。

こうした考え方から、妥当な限度を超えて政治に介入することを防止しなければなりません。そこで、教育の公正な執行を保障するため、教師の政治的行為については、地方公務員法ではなく、さらに厳しい規定を置く国家公務員法の規定が適用されます。

たとえば、勤務地とは異なる場所（他県）であれば、一般の地方公務員であれば行ってよいことでも、教師の場合にはしてはいけないこと、とされているのです。

団結権はありますが、団体交渉権はありません

Advice 教職は賃上げ要求など、民間の従業員がもっている労働三権の制約を受ける職業です。

1. 労働基本権と教師の仕事

　労働基本権とは、労働条件の向上を目的として日本国憲法が保障している国民の基本的人権のひとつです。しかし、公立学校の教師の場合には、労働基本権のうち、労働三権について一定の制約があります。

　教育現場は、利潤追求という企業目的が存在せず、市場の抑制力がきかない職場だといわれています。そのため、労働三権のすべてを教師に認めてしまうと、歯止めがきかなくなるおそれがあります。

　たとえば、授業をストライキしてしまうことを認めてしまえば、子どもたちの教育がままならなくなります。こうしたことを理由に

制約が加えられているのです。

労働三権には、次の制約があります。
① 団結権：ＯＫ　職員団体を結成することができます。
② 団体交渉権：△　交渉することはできますが、団体協約を結ぶことはできません。
③ 団体行動権（争議権）：ＮＧ　絶対に行ってはなりません。

２．争議行為

教師の世界では、決して争議行為を行ってはならないことになっています（地方公務員法37条①）。争議行為には、「同盟罷業」「怠業」「怠業的行為」があります。こうした行為を行った者は、行政上の処分（懲戒処分）の対象となります。また、争議行為を「企てたり」「共謀したり」「そそのかしたり」「あおったり」した場合には、行政上の処分だけでなく、刑事上の処分（３年以下の懲役又は100万円以下の罰金）の対象ともなります（地方公務員法61条④）。

OK? / NG?　次年度の校務分掌に反対する数人の教師が、勤務日に年休を取得し、校内の視聴覚教室で職場集会を開催した。

NG!

年次有給休暇を取得したとはいえ、複数の教師が、勤務時間内に、校内の施設を使って、校務分掌に反対する集会を開催することは許されません。争議行為に当たります。

校務分掌の決定は、校長の責任の下に行わなければならないものです。その決定を、数人の教師が反対だからといって、多数決などで覆すことはできません。

教師の身分保障は、無制限ではありません

  民間企業に勤める人とは異なる「責任」が教師には課せられています。

1. 教師の社会的責任

　社会で暮らす以上、悪いことをしたら罰せられます。盗みを働いてしまう、事業に失敗して誰かに大きな損害を与えてしまうといった場合です。これは、社会的に許されないことをしてはいけないという社会的責任が課されているからです。

　この責任には「刑事上の責任」と「民事上の責任」があります。民間企業に勤める人も、学校で働く先生方も一緒です。これらに加えて、教師の場合には、「行政上の責任」があります。

　「行政上の責任」は、公務員である立場・職種であるために課せられますが、この責任を全うできない状態になったり、責任をない

がしろにしたときに処分の対象となります。

この「行政上の処分」には、大きく分けて分限処分と懲戒処分の2つがあります。ここでは、分限処分について紹介しましょう。

2．分限処分とは？

分限処分とは、本来であれば保障されている教師の身分に制約を加える処分です。この処分は、公務能率の維持を目的としていますから、教師の道義的責任を追及するものではありません。

分限処分には、「免職」「降任」「休職」「降給」の4つがあります。

①免職・降任になる場合

[勤務実績が良くない場合]　勤務実績がきわめて悪く、教師としての適性を欠き、指導しても改善が認められない。

[心身の故障のため、職務の遂行に支障があり、これに堪えない場合]　体調を崩し、長期的にも職場に復帰できる見込みがない。

[その職に必要な適格性を欠く場合]　子どもたちへの指導力が著しく劣り、勤務態度も怠慢でやる気がまったく感じられない、どれだけ注意しても遅刻が絶えず無断欠勤が多い、上司や同僚職員、保護者に対する暴言が絶えない。

[職制、定数の改廃、予算の減少により廃職・過員を生じた場合]　制度の改変や予算削減などによる、いわゆるリストラ。

②休職になる場合

[心身の故障のため、長期の休養を要する場合]　①の場合とは異なり、療養後に復職が見込まれる（病気休職）。

[刑事事件に関し起訴された場合]　これは文字どおり刑事犯として検察庁より起訴される（起訴休職）。

②の休職期間中は、教師としての身分は確保されつつ、理由に応じて給与の一部又は全部が支給されます。

③降給になる場合

条例で定められます。

| OK? / NG? | 結核を患って2年間休職しているA先生。病状がよくないので、1年延長した上に、合計3年間分の給与の全額が支払われた。 |

OK!

結核休職については、特別の定めがあり、通常2年、特に必要がある場合は予算の範囲内で3年まで延長できます。また、期間中の給与は全額支給されます。

| OK? / NG? | 刑事裁判で無実を勝ち取ったB先生は、「無実になったのだから、起訴休職処分そのものをなかったことにしてほしい」と要望した。 |

NG!

無罪の判決を得た場合には、休職の事由がなくなりますので、B先生は復職することとなります。しかしながら、起訴休職は、裁判が確定するまでのB先生の身分を保障するためのものですので、起訴休職そのものをなかったことにすることはできません。

なお、起訴休職期間中は、給料月額の6割以内程度が支給されます。

| OK?／NG? | 児童買春で逮捕されたD先生。通常なら、懲戒免職で退職手当も出ないが、可哀想だから分限免職にしたらという声が上がった。|

NG!

わいせつ行為への処分は、道義的責任を追及する制裁的処分です。懲戒免職であれば、退職手当も支給されません。
一方、分限処分では、同じ免職であっても、道義的責任を追及しません。つまり、趣旨が全く異なるものです。懲戒処分によって処すべき者を分限処分に代替して退職手当を支給することがあれば、そのこと自体が法令違反となってしまいます。

| OK?／NG? | 精神性疾患にかかり2年間休職していたが、復職の見込みが立たないC先生。そこで、教育委員会はC先生を分限免職にした。|

OK!

休職中の職員を分限免職にはできないのが原則です。しかし、医師の判断により、C先生の病気が全快する見込みがない場合には、分限免職とすることは差し支えないとされています。

回復の見通しがたちません
ゆっくり時間をかけましょう

教師の身分保障は、無制限ではありません

してはならないことをすれば、教師といえども職を失います

わいせつ行為、酒気帯び運転などへの処分は、年々厳しさを増しています。

1. 懲戒処分とは？

　教師の故意・過失によって起きる服務義務違反に対する制裁的処分で、教師の道義的責任を追及するものです。この点で、分限処分とは、趣旨が大きく異なります。

　懲戒処分には、「免職」「停職」「減給」「戒告」の4つの種類があります。

2. 懲戒処分になる場合

　次の3つのいずれかに該当する場合に処分の対象となります。

①法令や条例・規則に違反した場合

②職務上の義務に違反したり、職務を怠った場合

③全体の奉仕者たるにふさわしくない非行があった場合

　①の場合には、言うまでもなく、違法行為をしたときです。

　②の「職務上の義務に違反」とは、たとえば次のような場合です。
・服務の宣誓を行わなかった。
・分掌命令や研修命令など、上司の職務上の命令に従わなかった。
・友人と映画を観に行くために嘘をついて職専免研修の承認を得た。
・上司の許可を得ずに勤務時間中に職員団体のための活動を行った。

　③の「全体の奉仕者たるにふさわしくない非行」とは、信用失墜行為と同様のもので、次のような「職員の職全体の不名誉となるような行為」が該当します。非常に多岐にわたることがわかります。
・子どもにわいせつな行為をした。
・児童買春をした。
・同僚職員に対してセクシュアル・ハラスメントをした。
・飲酒運転をした。
・体罰をした。
・争議行為を企てた。
・親族に頼まれて選挙活動を手伝った。
・担任する子どもの生育歴をほかの子どもの保護者に話した。
・報酬を得てアルバイトをした。

　処分に当たるような行為をしてしまった際、「免職」「停職」「減給」「戒告」のいずれになるのかは、分限処分とは異なり、法令上細かい取り決めはなく、都道府県教育委員会の判断に委ねられます。

　ただし、わいせつ行為や飲酒運転など、強い反社会性が認められる場合には、多くの自治体が条例や規則において事細かく処分内容を定めています。

　なお、懲戒免職を除く処分を受けた場合には、処分後1年間は特別昇給の対象とはならず、普通昇給の昇給期間が延伸されます。

> **OK? / NG?** 退職後、塾の講師をしていたA先生。かつての教え子の秘密をうっかり漏らしたことが教育委員会の耳に入って懲戒処分を受けた。

NG!

懲戒処分は、行政上の責任を追及するものなので、民事責任や刑事責任とは異なり、公務員としての身分が既に消滅している退職後に、行政上の処分を課すことはできません。

ただし、A先生の行ったことは守秘義務違反に当たります。行政上の責任追及はありませんが、1年以下の懲役又は3万円以下の罰金など、刑事上の責任が課される場合があります。

> **OK? / NG?** わいせつ行為が発覚したB先生は、自宅に戻らず居所がわからなくなってしまったため、処分を課すことができなくなった。

NG!

処分を行うためには、懲戒処分を行うことを記載した書面（辞令）と、処分の事由を記載した説明書を交付しなければなりません。
処分対象の教師が行方不明となっている場合には、家族に対して発送することとなりますが、このほかにも、官報に掲載し、その掲載日から2週間を経過することによって、B先生に到達したものとみなされます。

> OK?/NG?　懲戒免職を受けて職を失ったC先生。いったんは民間企業に勤めたものの、教職に戻りたいと教育委員会に申し入れた。

OK!

懲戒免職を受けた教師は教員免許状が失効します。しかし、3年を待てば教員資格を回復するので、改めて教員免許状を取得して採用試験に合格すれば教職に戻ることができます。

ただし、刑事事件などにより服役（禁錮以上の刑）していた場合には、3年待っても教員資格は回復しません。救済措置に近いものはありますが、まず教職には戻れないでしょう。

◇ One Point

戒告と訓告とはどう違う？

処分のひとつに「戒告」がありますが、よく「訓告」と混同することがあります。しかし、この2つは異なります。

「戒告」は、任命権者である都道府県教育委員会が課す懲戒処分のひとつであるのに対し、「訓告」は、職員の職務遂行に対して注意を喚起し、その改善向上と規律維持を目的として、服務監督権者（市区町村立学校職員の場合は市区町村教育委員会）の行う「事実上の措置」のひとつです。

そのため、「訓告」は、懲戒処分とは異なり、法的効果を伴いませんので、不利益処分である「戒告」のような昇給期間を延伸するといった法的な制裁措置は行われません。

なお、この「事実上の措置」には、ほかにも「始末書」「厳重注意」などがあります。

子どもへの指導が、どうしても ままならなくなったら…

公務員の身分のまま、教職以外の職に転職する道もあります。

　教師の一番の仕事は、いい授業をすることです。そのために、日々努力と経験を重ねているかと思います。しかし、どれだけ思いがあっても、子どもあっての教育活動です。経験不足から思うように指導できない場合もあるでしょうし、経験を積んだことで逆に今のトレンドに馴染めずにいる先生もいるのではないでしょうか。

　指導力不足については、学習指導力と生徒指導力の両面がありますが、どちらも一定水準に達していない場合には、分限免職処分の対象ともなるものです。

　しかし、日本の教育現場では、安易に辞めてもらうのではなく、指導力向上のための特別の研修制度と代替措置を設けています。

1．指導改善研修

指導改善研修は、次のような教師の指導力を向上するために行う研修です（教育公務員特例法25条の２）。

① 教科に関する専門的知識、技術等が不足しているため、学習指導を適切に行うことができない（教える内容に誤りが多かったり、子どもの質問に正確に答えることができない、など）

② 指導方法が不適切であるため、学習指導を適切に行うことができない（ほとんど授業内容を板書するだけで、子どもの質問を受けつけない、など）

③ 子どもの心を理解する能力や意欲に欠け、学級経営や生徒指導を適切に行うことができない（子どもの意見を全く聞かず、対話もしないなど、コミュニケーションを図ろうとしない、など）

2．研修終了後の認定

① 指導が改善し、子どもに対して適切に指導を行える→学校復帰

② 指導はいまだ不適切だが、さらに指導改善研修を行えば、適切に指導を行える程度までの改善が見込まれる→研修延長、再受講

③ 適切に指導を行える程度まで改善する余地がない程度→免職その他の必要な措置

3．研修を受けても、改善することができなかったら

「その他の必要な措置」とは、具体的には次のとおりです。

［免職］分限免職

［その他の必要な措置］①指導改善研修の「再受講」、②他の学校への「転任」、③教職以外の職への「転職」

4．教職以外の職への「転職」

転職措置とは、分限免職や分限休職までには至らないものの、研修を行ったり、環境を変えたり（転任）してみても、子どもの指導がままならない場合（２―③の場合）に、教師の職をいったん「免職」し、引き続いて都道府県の他の職に「採用」できる制度です。

| OK? / NG? | 学級が崩壊してしまったA先生は精神性疾患。保護者からのクレームも多く、都道府県はA先生を教職以外の職に転職させた。 |

NG!

適切に指導できない原因が精神性疾患であることが明らかなときは、転職措置を行うことはできません。医療的観点も踏まえ、休職措置が講じられることになります。

| OK? / NG? | 指導力不足の中学校のB先生。教育委員会は教職以外の職への転職措置を決めて免職したものの、適当な職がなく採用しなかった。 |

NG!

指導力不足を理由とする転職措置は、「免職」と「採用」という独立した2つの処分を課すものではなく、法令上、一緒に行わなければならないものとされています。そのため、「免職」のみが行われ、「採用」されないということがあってはなりません。

もしどうしても免職の必要がある場合には、分限免職の措置が検討されるべきでしょう。

| OK?／NG? | 無断欠勤や遅刻が絶えないC先生。いくら注意しても改善されない。そこで、教職以外の都道府県の職への転職措置を行った。 |

NG！

無断欠勤や遅刻といった教師自身の怠慢や違法行為などへの対応として、指導力不足を理由とする転職措置を講じることはできません。C先生には分限処分での対応となります。

One Point

教師のマンパワーよりも、時代のトレンドはチームワーク

　授業は得意だけど、事務処理は苦手、子どもとはいい関係を築くけど、同僚関係が…など、いろいろな先生がいます。すべてに優秀であれば、それに越したことはありませんが、教師も人の子。得手不得手があって当然です。

　かつては、教師個人のマンパワーがものをいう時代がありましたが、特別支援教育や保護者対応など、どれだけ優秀でも一人では対応できない（してはいけない）のが今の時代。

　ある部分だけを取り出して不適格教員のレッテルを貼っても、先生も子どももいいことなんてありません。ある面で不適格に見えても、違う面から見たら優秀な教師かもしれないのです。もし善し悪しをつけるのであれば、チームの一員として貢献しているかどうかが大事なのです。

油断大敵！
慣れていることこそ集中を！

ついうっかりが大きな事故につながってしまう教師の仕事。ヒヤリハットを有効活用

　校外での活動はもとより、校内にも数多くの危険が潜んでいます。発達段階にもよりますが、ふとした思いつきで急に駆け出したり、危険な場所であえて悪ふざけをしたりするなど、大人の想定を軽く飛び越えてしまうのが子どもたち。

　楽しいはずの遠足で崖から落ちて骨折、水泳の授業で溺れてしまうといった事故が起きないよう日ごろから万全の体勢づくりと不断の注意力が必要です。しかし、もし事故が起きてしまったら、教育現場ではどのような責任が課せられるのでしょう。

1．損害賠償責任

　保護者などの申し立てにより損害賠償請求を受ける場合がありま

す。この賠償請求は、民法による場合と国家賠償法による場合があります。公立学校の場合は、ほとんどは後者によって争われます。

2．教師の故意・過失

子どもがケガをしそうなときに、教師がわざと（故意に）見て見ぬ振りをすることはないでしょう。教師の責任が問われるのは不注意（過失）があると認められたときです。たとえば、水泳の時間の前に危険箇所を注意喚起したり事故が起きないよう監視するなど、子どもたちが安全に教育活動を行うために「しておくべきこと」が「なされていなかったとき」に、「過失」があったとされます。

3．ヒヤリハット

ヒヤリハットとは、「重大な災害や事故には至らないものの、直結してもおかしくない一歩手前の事例の発見」を言います。どのような学校でも過去にそうした事例がたくさんあると思います。こうした事例を有効活用して事故の起きない教育活動をめざしましょう。

OK? / NG? 反抗的なAくんの態度に腹が立ってつい殴ってしまったB先生。保護者はB先生を相手に国家賠償訴訟を起こした。

NG！

B先生を相手に国家賠償訴訟を起こすことはできません。教師の過失による事件・事故の場合には、国や地方公共団体がその責任を負います。教師を相手に損害賠償訴訟を起こす場合には、民法を根拠とします。

なお、体罰が重過失であるとみなされれば、B先生は都道府県又は市町村から求償（賠償額の一部を自治体に返還）を求められることがあります。

安易に、学校施設を貸し出すことはできません

 学校の施設を利用するためには、いくつかの条件をクリアする必要があります。

1. 学校は教育活動を行うための施設

学校は、学校教育のためにつくられた建造物ですから、本来学校教育以外の目的で使用することはできないのが原則です。法も「学校施設は、学校が学校教育の目的に使用する場合を除く外、使用してはならない」と定めています。しかし、その一方で、実際はいろいろな使い方がされています。

2. 学校教育の目的とは異なる施設使用

学校は、本来の教育活動だけでなく、地域住民からのさまざまなニーズに対応することが求められる地域社会の拠点でもあります。こうしたことを背景として、自然災害時の緊急避難所になったり、

社会教育の場の提供という観点から校庭や体育館を開放することもあります。高校にある売店なども、立派な学校教育以外の使用です。ざっとまとめると、次の使用方法があげられます。
①授業など、学校教育本来の目的のための使用
②選挙のための使用：投票所、開票所
③非常災害時の使用：災害（人命）救助、避難所、火災延焼防止
④社会教育・スポーツのための使用：ママさんバレーなど
⑤民間企業による使用：食堂、売店等

このようにさまざまに使用される学校施設ですが、だからと言って、無原則に使用させることができるわけではありません。特に④のようなケースで施設使用を許可されるのは、「学校教育上支障がないと認められる」ときです。

この「学校教育上の支障がない」とは、たとえば教室、校庭、体育館等に時間的・空間的な余裕があるだけでなく、貸し出した教具等が壊されたり、火災や盗難等のおそれがないといったことが挙げられます。こうした支障があらかじめ予想される場合には、学校施設を使用させることはできません。

また、教育的配慮から公序良俗に反するような利用や、公益を害する施設利用もできません。特定の宗教の布教活動のための施設利用もNGです。さらに、特定の政党、特定の候補者のための選挙活動といった政治的活動のための施設利用も許されません。政治的活動にかかわって許されるのは、あくまでも選挙の投票所、開票所としての使用です。

3. 目的外使用の許可

学校施設の使用を許可したり許可しなかったりする権限は、本来は教育委員会にあるのですが、地域住民等からのすべての申し出に教育委員会が直接対応することできません。そこで、教育委員会からの委任を受けて校長先生が許可を与えるのが一般的です。

2-12

| OK? / NG? | A小学校は老朽化が進み、建て替えることが決まったので、校庭の一角で建築業者の主催による地鎮祭を行った。 |

OK!

校内で宗教活動を行ってはならないのが原則ですが、地鎮祭については、建築業者の慣例にすぎないのでOK。ただし、子どもたちの参列は認められません。

| OK? / NG? | ある宗教団体から「信者を集めて運動会を行いたいので、校庭を使わせてほしい」と申請があったので、校庭を使用させた。 |

NG!

ケースの場合には宗教的活動を行うものではなく、あくまでもレクリエーションの一環として行うものなので、直ちに法令違反となるものではありません。しかし、許可すれば、運動会当日、運動とは別に宗教的儀式なども交えて行うかもしれません。特定の宗教団体に校庭を使用させることは好ましいものとは言えないため、許可しないことが妥当です。

| OK? / NG? | ある政党から「議会報告演説会のために体育館を使わせてほしい」と申請があったので、体育館を使用させた。 |

NG!

特定の政党の議会報告演説会のために体育館を使用させることは、教育委員会規則などで定められている場合には許可することができます。

ただし、演説会そのものの実情が、特定の政党や特定の政治家の自己の政治宣伝となることも少なくないようです。このようなことを考慮すると、許可しないことが妥当です。

◇ One Point

目的外使用には、ほかにもこんなケースがあります

OK	NG
・日曜日に地域の少年サッカーチームが校庭で公式戦を行う。 ・校舎の一角を使用して、社会福祉法人主催のフリーマーケットを行う(公の支配に属する団体であることを要する)。 ・校地の一角に勤労動員爆死学徒の記念碑を建てる。 ・職員室の奥の子どもたちの目につきにくいところに職員団体専用の掲示物を設置する。	・校庭に忠魂碑や招魂社を建てる(宗教施設とみなされやすい建造物の校地内への設置は不可)。 ・体育館で職員団体が一斉休暇闘争の決起集会を行う。 ・特定の政党や政治家の発会式のために学校の体育館を使用する(議会報告演説会と同様に、政治宣伝となっていることが多いことから、許可しないことが妥当)。

安易に、学校施設を貸し出すことはできません

第3章

知っておくとよいこと

　自分の息子の卒業式に参加するために年休をとる。民間の会社員なら特別珍しいことではありません。しかし、もしそれが教師だったら、しかもその日が自分の勤める学校の卒業式の日と重なってしまったら…。法的にはなんら問題なくても、先生というだけではばかられることがあります。
　そこで本章では、教師ならではの優遇措置や義務などを中心に紹介します。

教育の充実のため、学校外の仕事もできるのが教師の特徴

Advice 教師の仕事とは別に、上司から許可を受けて別の仕事を兼務することができます。

　教師の仕事は、大きく分けて次の2つの特徴があります。
①教職の専門性を通して広く公益に資することができる。
②教育に関する他の職や他の事業・事務に従事することは、職務へのスキルアップにつながるという意味で研修的性格をもつ。
　こうしたことから、教師としての仕事とは別に、教育に関する他の事業や事務に従事（兼職・兼業）することができます。その際には、教育委員会の許可を得ることが必要になります。

1. 兼職

　兼職とは、学校教育、社会教育、学術文化等に関する他の一般職の職員の職を兼ねることを言います（教育公務員法17条①）。一般の地

方公務員は、自分の職場以外の場所で、報酬を得て事業・事務に従事することは禁じられています。しかし、教師の場合は、都道府県から給与の支給を受けながら、さらに兼職先からも報酬を受け取ることが認められています（重複給与支給禁止の特例）。

2. 兼業

兼業とは、例えば、学校法人、社会教育関係団体のうち、教育の事業を主たる目的とするものの役員、顧問、参与、評議員の職に従事したり、教育委員会の委員、指導主事、社会教育主事その他教育委員会の職員となって教育事務に従事することを言います。兼業先からの報酬については兼職と同様に受け取ることができます。

兼業の期間は1年以内が原則で、法令に任期の定めがある職に就く場合には、最大で4年を限度として行うことができます。ただし、再び許可・承認を得て、兼業の期間を更新することは差し支えありません。

ある出版社から原稿執筆の依頼を受けて執筆したところ、謝金として1万円を受け取った。

OK!

原稿執筆は法令上制限されません。プライベートの時間であれば自由に行うことができ、謝金を受け取ることもできます。というのは、「報酬」には謝金が含まれないからです。ほかにも、講師料、車代は、労働の対価とみなされません。
ただし、近年服務規程が厳しさを増し、原稿執筆を受ける際は、事前に申告書を提出させるところが多いようです。

学校現場で身につけた教師力を世界で役立たせたい

現在は「教師」としての身分のままで青年海外協力隊へ参加することができます。

1．青年海外協力隊

　以前は、青年海外協力隊に参加するためには、休業制度（無給）を利用して参加するか、教職をいったん辞めて参加しなければならず、任期を終了して帰国後の経済的な不安感など相当の覚悟をしなければなりませんでした。しかし、現在は現職教員特別参加制度が設けられ、「教師」としての身分を保有したままで参加することができるようになっています。

　日本の教師は、指導案の作成、教材開発、授業研究など、実践的な教職経験をもっており、その高い指導力は諸外国からも高い評価を受けています。こうした日本の教師力の活用は、開発途上国への

重要な国際貢献のひとつとして位置づけられています。

　また、開発途上国において国際教育協力に従事することによって、派遣教師自身も、コミュニケーション・異文化理解の能力を身につけ、帰国後に派遣の経験を教育現場に還元することで、将来の国際教育協力分野の人材の裾野を広げ、未来の日本の教育の質を高めることにもつながっています。

2. 現職教員特別参加制度の概要

　制度の概要は、次のとおりです。
- 青年海外協力隊参加期間は2年間
- 一次選考で職種別試験が免除
- 勤務3年以上の実務経験
- 年齢は20歳から39歳まで
- 派遣中の給与はJICAから都道府県等に対し8割補填　など

［問合せ先］JICAボランティア　http://www.jica.go.jp/

OK? / NG?　A先生の年齢は51歳。
思い立って青年海外協力隊に応募した。

OK!

現職教員特別参加制度の応募資格は39歳までなので、同制度は利用することはできませんが、シニア海外ボランティアとして、JICAボランティアへの現職参加を行うことができます。

専修免許状を取ろう！

 大学院修学休業制度を利用して、専修免許状を取ることができます。

　教師の休業制度には、大きく分けて自己啓発等休業、配偶者同行休業、育児休業（部分休業）、大学院修学休業の４つがあります。ここでは、大学院修学休業について紹介します（教育公務員特例法26〜28条）。

1．休業の目的
　教師の身分のままで在学し、大学院の課程を履修するための休業制度で、専修免許状の取得を目的としています。

2．対象者
　公立の小・中・高等学校、中等教育学校、特別支援学校、幼稚園の教諭、養護教諭、栄養教諭、講師

3．休業の期間

3年を超えない範囲内で年を基準としていますので、1年、2年、3年の3通りになります。また、休業期間の延長はできません。ただし、再度、休業許可の申請をして教育委員会の許可を受けた場合には、引き続いて休業することは差し支えありません。

4．休業中の給与

大学院修学休業中の給与については、期末・勤勉手当等の諸手当を含め、支給されません。

5．許可申請と取消

大学院修学休業の許可を受ける場合には、在学期間を明らかにして、教育委員会に許可申請を提出します。たいした理由もなく休学したり、授業を頻繁に欠席していると休業の許可が取り消されます。また、休業期間中、休職処分や停職処分を受けた場合には、許可の効力が失われます。

OK? NG? 給与が出ないので、休業中だし、大学から帰ってきてからならいいだろうと思い、ファーストフードでアルバイトをはじめた。

NG！

ファーストフードはNGですが、教育委員会の許可を受けられれば可能な場合があります。たとえば、在学する大学で、教員養成教育にかかわる補助的業務に従事するなどが考えられます。

学校の執務環境の充実に力を発揮するコミュニティ

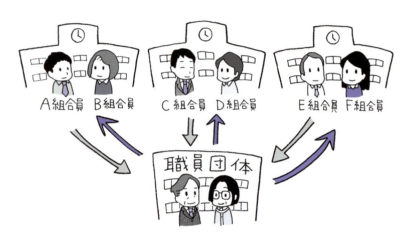

職員団体の活動が認められるのには理由があります。正しい知識をもつことから。

　イデオロギーの対立は過去のこと……地域によっては必ずしもそうではない現実がある一方で、近年の組合離れの傾向は著しいものがあります。こうした背景の一つに、かつての組合闘争などのようなイメージが災いしているのではないでしょうか。

　職員団体は、「職員がその勤務条件の維持改善を図ることを目的として組織する団体又はその連合体」を言い、公務能率の向上を期待できるものとして、法が保障している教師の権利です。

　そこで、ここでは、職員団体本来の姿を浮き彫りにし、正しく権利を行使するための基礎知識を紹介します。

1　勤務時間中に行う職員団体のための業務

教師には職務専念義務が課されているので、原則として、勤務時間中に職員団体のための業務に従事することはできません。しかし、教育委員会の許可を受けて、職員団体の役員となる場合には、勤務時間中に職員団体のための業務を行うことができます。このように役員となって、職員団体のための業務に従事することを在籍専従（在職専従）と言います。

2　勤務時間中に職員団体のための業務を行った場合の給与

教師が勤務時間中に職員団体の業務を行うことは、原則として禁じられています。これは、教師の仕事とはみなされない職員団体の業務に対し、給与が支払われることがあってはならないからです。もし給与が支払われてしまうと、職員団体が都道府県から「経理上の援助」を受けることとなってしまうため、「労使相互不介入の原則」に反してしまいます。

3　在籍専従の許可

教育委員会の許可が必要です。在籍専従の許可を受けた教師は、休職者扱いとなります（専従期間中の職務専念義務が免除）。

4　専従期間中の報酬

2のとおり、専従期間中は給与が支給されませんが、職員団体から報酬を得ることは差し支えありません。この場合、在籍専従者が職員団体の役員としての報酬を受けることについて、教育委員会から何らかの許可を受ける必要はありません。なぜなら、在籍専従の許可を受けた時点で、営利企業等への従事の許可を与えられたものとみなされるからです。

5　専従できる期間

教師としての在職期間を通じて、5年を超えることはできません。また、たとえば、以前に2年間職員団体の役員になったことがある教師が再び役員になる場合は、その期間が差し引かれますので、最長で3年までの期間となります。

3-4

> OK?/NG?　「来週の水曜日の4時から1時間ほど、勤務時間のあり方について交渉をもちたい」との申し入れを受けて応じることにした。

OK!

校長先生の権限の範囲内で、適法な交渉を行う場合には、勤務時間中に交渉を行うことができます。ただし、特別な理由がない限り、勤務時間外に行うのが適切です。

交渉：勤務時間のあり方について　職員団体

> OK?/NG?　「来週の金曜日の6時に、次年度の教務主任を誰にするかについて交渉をもちたい」との申し入れを受けて応じることにした。

NG!

校長先生と交渉を行えるのは、次の3つです。
① 勤務時間の割振り
② 休暇の承認
③ 執務環境の整備などの勤務条件や福利厚生的な事柄

教務主任の決定などのような校務分掌にかかわる事項は、校長先生の判断で決めなければならないものですから、職員団体との話し合いで決定することはできません。

| OK? / NG? | 職員室の奥にある職員団体専用の掲示板に、一部の教師の指導方法を批判する掲示物があったので許可なく剥がした。 |

OK!

職員団体の掲示板に、法律に違反するような掲示物があったり、職務の適正な維持を妨げるような掲示物があったりした場合には、校長先生は剥がすように命じることができます。

もし、職員団体が、校長先生の命令に従わない場合には、職員団体の許可を得ることなく、強制的に掲示物を撤去しても差し支えありません。

| OK? / NG? | 4月に赴任したA校長先生が、勤務時間を割り振ったところ、「3月に交わした確認書と違う」と言われ、割り振り直した。 |

NG!

教師は団体協約を結ぶことができません。確認書はあくまでも覚え書き程度。勤務時間は校長先生の権限の下に割り振るものなので、その権限に抵触する確認書は破棄しなければなりません。

健康診断で、体のあちこちに不自然なアザのある子がいた

Advice はっきり虐待だとわからなくても、「もしかしたら…」と思ったら、上司に相談して関係機関に知らせましょう。

1. 虐待の今日的状況

近年、保護者が子どもを虐げてしまう事件が跡を絶ちません。虐待による死亡件数は年間50件を超え、1週間に1人の子どもが命を落としていると言われます。児童相談所への相談件数も、飛躍的に増えています。

家庭という外部から閉ざされた場所で行われるため、なかなか気づきにくい虐待。大事に至らない前に対応するためには、社会全体の目配りが必要です。なかでも、学校現場は、虐待の早期発見が期待されている職場です。養護教諭や学校医はもちろん、担任の先生も、常に頭の片隅に置いておくべき事柄であると言えるでしょう。

2．教師に求められる役割

教師に求められる役割は、大きく分けて次の2つです。

①虐待の早期発見

教師は虐待を発見しやすい立場にあります。このことをよく自覚し、早期発見に努めなければなりません。また、虐待の防止のための教育や啓発活動に取り組むことなども求められます。

②福祉事務所か児童相談所への通告

健康診断で、体のあちこちに不自然なアザがあるなど、「あれ？もしかして…」と思うことがあったら、すぐに学年の先生や校長先生、教頭先生に相談し、福祉事務所か児童相談所に通告しましょう。

以前は、虐待があることが「明らかで」「間違いない」という確証があってはじめて通告することになっていましたが、現在は「あれ？」と疑いのある程度でも、通告することが義務づけられています（児童虐待の防止等に関する法律）。

YES? NO? 虐待のおそれを理由に通告した家庭の保護者から「家庭の事情を外部に漏らすなんて守秘義務違反だ！」と苦情が来た。

NG！

学校の行う通告は、守秘義務違反には当たりません。なぜなら、通告を受ける側の児童相談所等にも守秘義務が課せられているため、家庭の事情（秘密）を漏洩したことにならないからです。

3-6

もしものことがないように！ LINE設定術

連絡網などにも使われるSNS。しっかりセキュリティ、安心・便利に有効活用！

　Facebook、Twitter、LINEなど、すっかり日常生活に定着したSNS（ソーシャル・ネットワーキング・サービス）。

　家族との連絡に使えたり、新しい趣味友を見つけたり、仕事の幅を広げられたりと、さまざまなよい面がある一方で、情報漏洩や予期せぬ事件に巻き込まれたり、いじめの温床となったりと、影の面がつきまとうのも、SNSの特徴だと言えるでしょう。

　なかでも、LINEについては、先生方にも普及し、学校の連絡網で活用している先生（学校）もいらっしゃるようです。

　そこで、ここでは、後々問題が起きないようLINEの基本的な設定方法を紹介します。

1.「パスコードロック」→ ON

「その他」タブ→「設定」→「プライバシー管理」で、「パスコードロック」を ON にしてパスコードを設定しましょう（①）。

このパスコードは、スマートフォンを使うときに入力するものとは別で、LINE を起動する際に入力するものです。

2.「他端末ログイン許可」→ OFF

「その他」タブ→「設定」→「アカウント」で、「他端末ログイン許可」を OFF にしましょう（②）。

この設定は、PC からのログインを制限するためのものです（OFF にすると PC からの接続を拒否します）。

ただし、アカウント ID とパスワードさえわかっていれば、PC 以外の端末（タブレット、スマートフォン）から接続できてしまいます。家族や友人であっても、アカウント ID とパスワードは教えないようにしましょう。

なお、LINE を連絡網で使う場合、PC しかもっていない（スマートフォンをもってない）保護者がいる場合には、この設定を ON にすることになります。

3.「友だちへの自動追加」→ OFF
　「友だちへの追加を許可」→ OFF

「その他」タブ→「設定」→「友だち管理」→「アドレス帳」で「友だち自動追加」と「友だちへの追加を許可」を OFF にしましょう

もしものことがないように！ＬＩＮＥ設定術　111

(④)。

　Aさんの友だちリストにBさんとCさんが登録されている場合に、この2つの設定がONになっていると、LINEは、電話帳にある個人情報を双方向に送信して、BさんとCさんの友だちリストに自動追加してしまいます。一見、交友関係が広がるように見えますが、見方を変えれば、当事者の許可なく追加されるわけですから、情報漏洩そのものだとも言えます。

　そこで、連絡網をLINEで行うときには、先生がグループの管理者になって、子どもたちの進級や転入学があったら、参加メンバーを手動で追加・削除を行うなどして情報漏洩のないよう上手に運用しましょう。

4.「ID検索の許可」→ OFF

　「その他」タブ→「設定」→「プライバシー管理」で「IDの検索を許可」をOFFにしましょう（⑤）。

　「ID検索の許可」をOFFにしておけば、知らない誰か（友だちリストに登録している人以外の人）に自分のIDを知られずに済みます。

5.「メッセージ受信拒否」→ ON

　「その他」タブ→「設定」→「プライバシー管理」で「メッセージ受信拒否」をONにします（⑥）。ONにすれば、友だちになりたくない人にIDを知られてしまっても、その人と友だちになっていない状態ならメッセージを受信拒否できます。

6．PINコードによる本人確認設定

「その他」タブ→「設定」→「アカウント」で、「PINコード」を選んで、4桁の番号を入力しましょう（⑦）。

これは、スマートフォンからLINEにログインする際、4桁のPINコードの入力が必要となる本人確認を行う設定です。これにより、パスコードに加えて、さらにセキュリティを高めることができます。

⑦

◇ One Point

「流行」と「不易」の双方を求める学校教育のこれから

　すっかり市民権を獲得したSNS。「思ったことを」「都合のよいときに」「瞬時に」発信できる技術は、人々のコミュニケーションのあり方を変革してしまいました。便利な世の中になったものです。

　しかし、この「便利さ」は「危険」と背中合わせ。なぜなら、「誰でも」「簡単に」手に入れられる「スピードの加速化」によって実現した「便利さ」だからです。

　今までできていたことを1秒でも「速く」「簡単に」という考え方は、一見合理的で効率的です。しかし、その反面「じっくり考える」「時間をかけて何かを身につける」価値を軽視する風潮を生み出しているようにも見えます。

　「知恵」がなければ、新しい「技術」は生まれません。しかし、「知恵」は、様々な人や物事との出会いを通して、長い時間をかけて醸成される遠大なもの。便利さだけでは到達できない、学校教育のめざすものでもあります。

　「流行」と「不易」をどうバランスよく取り入れていくのか、学校教育のあり方が問われているのかもしれません。

正規の勤務と時間外勤務

> **Advice** 上手に時間運用するためにも、まずは勤務の正しい理解から。

1. 教師の仕事の多様性

　教師の仕事は、授業を行うだけではありません。行事の準備、地域住民との打ち合わせ、研究授業の取りまとめ、提出書類の作成など、（立場によって変わりますが）実に多岐にわたります。

　そのような忙しい時間の合間を縫って、授業の準備（教材研究）なども行わなければなりません。あれもこれもとやっているうちに日が暮れて、仕事を家に持ち帰る日々。1日や2日ならともかく、エンドレスに続くようなら、肉体的にも精神的にも相当こたえます。

　教師の多忙化は教育界にとって喫緊の重要課題。教師一人の問題ではありませんが、上手に時間運用する力を身につけるためにも、

勤務時間、休日、休暇など、基本的な理解を深めておきましょう。

2．正規の勤務と時間外勤務

教師の勤務時間には、正規の勤務と時間外勤務の2つがあります。正規の勤務の時間は1週間で40時間を超えない範囲で校長先生が割り振ります。時間外勤務は、校長先生の判断で必要があるときに命じられる勤務です。

ただし、そもそも時間外勤務を命じないことが法の定める原則。どのような業務についても命じられるわけではありません。次の4つの業務に限定されています（超勤4項目）。
①校外実習その他生徒の実習に関する業務
②修学旅行その他学校の行事に関する業務
③職員会議に関する業務
④非常災害の場合、児童又は生徒の指導に関し緊急の措置を必要とする場合その他やむを得ない場合に必要な業務

OK? NG? 校長先生に日直勤務を命じられたA先生。日直勤務は超勤4項目に含まれないので休日勤務手当が支給された。

NG!

いかなる場合にも時間外勤務手当、休日勤務手当は支給されません。その代わりに、給料月額の4％が教職調整額として支給されます。

これは、教員の時間外勤務に関し、教員の職務の特殊性に基づいて、正規の勤務と時間外の勤務を包括的に評価することを趣旨としています。

手当ではなく、給料の一部として支給されます。

休憩時間と休息時間

Advice 活力をもって仕事に取り組むために、心身の疲労を回復させる時間です。

---

1. 休憩時間

　休憩時間は、①勤務時間の途中に与える、②一斉に与える、③自由に利用させることが原則です。

　①の「途中」とは、「勤務時間と勤務時間との間に差し挟んで」という意味です。そのため、休憩時間を勤務開始時間の直後に置いてその分遅く出勤したり、勤務終了時間の直前に置いてその分早く退勤することはできません。

　②については、「決まった時間に教師全員で」という意味です。しかし、給食指導など、教師全員に一斉に休憩を取らせることが適当でない場合があります。そのため、学校においては、一斉に与え

ないことが許されています。

③については、文字どおり「教師の好きなように」という意味です。ただし、子どもの事故など緊急の場合もあるので、休憩時間中の所在を明らかにしておくなどの制約は認められています。

なお、休憩を分割して取ることは控えたほうがよいでしょう。分割回数が多すぎると1回当たりの時間数が少なくなり、「心身の疲労を回復させるとともに、勤務能率の維持・増進や業務上の災害・疾病を予防する」といった本来の目的から外れてしまいます。

2．休息時間

休息時間とは、授業の合間の休み時間などで、お茶を飲んだり、雑談したりするなどして、心身の疲労を回復させるための時間を言います。休憩時間とは異なり、必要があればいつでも勤務に復帰できる態勢が要求されます。このことから、手休め的な時間だと考えるとよいでしょう。

OK? NG? 給食指導のために休憩時間がとれなかったA先生は、その分早く退勤してしまった。

NG！

休憩時間はあくまで勤務時間の「途中」に与えるものです。
そのため、勤務開始時刻のすぐ後に置いたり、勤務終了時刻のすぐ前に置くことは許されません。

「勤務時間の途中で適度な休養を教員に与え、労働力の培養を図るとともに、教員の健康を保護する」といった休憩の本来の目的から外れてしまうからです。

教師の休日

> **Advice** 教師の休日は、民間の会社員とはちょっと違った扱いになっています。

1．週休日と休日

業界や業務内容によっては、水・金が休日であったり、ローテーションで休日が変動する職場もあるでしょうが、休日といえば、一般に週末の土日や祝日を指します。

しかし、教師の世界では、ちょっと複雑。土日を週休日、祝日や年末年始休みを休日と言います。なぜ分けられているかというと、勤務の扱いが民間企業とは違うからです。

教師の週休日は勤務時間が割り振られない日（そもそも勤務日ではない日）、休日は本来は勤務日なのだけれど勤務を免除された日（職務専念義務を免除された日）とされているからです。

2．週休日の振替と休日の代休日

　週休日の振替とは、土日のいずれかに勤務の必要があるときに、本来勤務日である平日と入れ替えることを言います。たとえば、日曜日に運動会を行って、翌日の月曜日をお休みにする場合には、日曜日が勤務日で月曜日が週休日という取扱いになります。

　一方、休日の代休日とは、祝日や年末年始などの休日（本来勤務を免除された日）に勤務した場合に、その代償として、平日のある日の勤務が免除されることを言います。この場合には、出勤した休日は時間外勤務、代休をとった平日の日は勤務を免除された日という取扱いになります。

　そのため、休日に出勤したものの、思ったよりも仕事がはかどり、通常の勤務時間よりも早く帰宅してしまった場合には、代休日（全休）の指定はできません。

| OK?／NG? | A先生は休日出勤したが、校長先生から「学年全体で授業が遅れているので、代休は遠慮してもらいたい」と言われ了承した。 |

OK！

代休日の指定は、原則として保障されなければならないものです。しかし、校務の円滑な遂行のために必要と認められる場合には、代休日を指定しないことができます。

年次休暇

 自分が休みたいと「思う」とき、休みたい「日」に「自由」に取得できるのが年休の原則。でも、ちょっとだけ制約があります。

教師の休暇には、大きく分けて、①年次休暇、②病気休暇、③特別休暇、④介護休暇の4つがあります。

ここでは、年次休暇制度について紹介します。

1．取得日数

1年に20日の有給休暇が与えられます。その年に取れきれなかった日数は翌年に繰り越されます。ただし、繰り越し分を合わせて40日が上限となります。

2．休暇の承認

年次休暇については、原則として校長先生の承認を必要としません。法の決まりでは、たとえば帰り際に「明日、年休を取りますの

でよろしく！」と口頭で伝えるだけで、実はOKだったりします。

とはいえ、授業だけでなく、チームで仕事をすることも多いのが教師の特徴。しかもその職業柄、授業のある日、入学式や運動会といった行事当日に年次休暇を取ることははばかられるものです。

実際に、息子の入学式に出るために、勤め先の学校の入学式の日に年次休暇を取られた先生がいました。法的にはなんら問題はないのですが、マスコミに取り上げられてしまったりします。

こうしたことから、多くの先生方は、夏季・冬季といった長期休業日（勤務日であるけれど、授業が行われない日）に固めて取得する先生が多いのではないでしょうか。

実際に年次休暇を取る場合には、仕事全体を調整しつつ、できるだけ早めに校長先生に伝えるのが望ましいでしょう。その際、「休暇届」を提出するのが一般的です。

OK? / NG? 8月のある日、休暇届を出したが、校長先生から「その日はどうしても先生にお願いしたいことがあるので」と承認されなかった。

OK!

職務に支障がある場合には、ほかの日に変更するよう命じられる場合があります。そのときは、従わないといけません。これを校長先生の時季変更権と言います（労働基準法39条⑤）。

病気休暇と介護休暇

Advice 自分が病気になった、家族が病気になったときに取得できる休暇制度です。

1. 病気休暇

病気休暇は、自分が病気になったりケガをして勤務できなくなったときに取得できる休暇です。自治体によって差異はありますが、取得期間は、おおむね結核の場合は1年以内、結核以外は90日以内です。また、次の病気の場合などには、さらに90日延長できます（最大180日）。

①高血圧症（脳卒中を含む）、動脈硬化性心臓病、悪性新生物による病気

②精神・神経に係る病気

③妊娠悪阻、切迫流産、子宮外妊娠、胞状奇胎、後期妊娠中毒症

病気休暇を請求するときは、医師の証明書（診断書）の提示が必要です。ただし、6日以内の病気休暇の場合には証明書の提出を求めない自治体が多いでしょう（病院の領収書を求める自治体も）。

2．介護休暇

介護休暇は、家族がケガを負ったり病気にかかったりして、2週間以上の介護が必要になったときに取得できる休暇です。取得期間は、原則として最大6か月以内。ただし、期間経過後であっても、最初の介護初日から2年間に限り、2回まで延長することを認めている自治体もあります。

時間を単位として取得する場合は、勤務時間のはじめか終わりの時間に利用することができます（1日を通じて4時間まで）。

請求手続きとしては、介護を必要とする証明書等の提示が必要です。給与については、勤務しない1時間につき勤務1時間当たりの給与額が減額されます。

OK？ NG？ A中学校のB先生は、叔母と2人暮らし。あるとき、叔母が病に倒れたので校長先生に介護休暇を申し入れた。

NG！

介護の対象と認められているのは、父母、子ども、配偶者の父母、祖父母、兄弟姉妹など1親等、2親等の親族に限られます（事実上の配偶者、父母、子を含む）。そのため、3親等に当たる叔母の介護のために、介護休暇を取得することはできません。年次休暇など他の制度を利用しましょう。

3-12

特別休暇

夏休み、結婚や出産、忌引きなど、教師である以前に、市民として、家庭人として必要なときに取得できるのが特別休暇です。

　特別休暇とは、社会制度上、慣習上、家庭生活上、緊急対応上必要なときに勤務を免除される制度で、年次休暇と同様に有給です。

　特別休暇には、実に様々な種類がありますが、自治体の条例・規則により種類や取得方法に多少の違いがある場合があります。ここでは、東京都の規則を参考に紹介します。

１．公民権行使等休暇

　選挙で投票に行くなど公民としての権利を行使するための休暇。この休暇は必ず承認されます。

２．妊娠出産休暇（産前・産後休暇）

　取得期間は、出産予定日より前の６週間（多胎妊娠の場合は14

週間）から出産後8週間を基本として、妊娠中と出産後を合わせ16週間（多胎妊娠の場合は24週間）以内。障害などを理由に加算期間もあります。休暇を請求するときは、医師の証明書か母子健康手帳の提示が必要になります。

妊娠・出産にかかわっては、ほかにも、①妊娠症状対応休暇、②早期流産休暇、③母子保健健診休暇、④妊婦通勤時間などがあります。

3．育児時間

育児時間は、生後1年3か月に満たない赤ちゃんを育てるための休暇です。1日2回それぞれ45分間（計90分）取得できます。

育児時間は、男性職員も取得できます。ただし、男性職員の場合には、配偶者（妻）が産前・産後休暇や育児休業を取得している場合などには承認されない場合があります。

4．出産支援休暇

出産支援休暇は、配偶者（妻）の出産を受けて、男性職員が子どもの養育や家事などを行うための休暇です。いわゆるイクメン休暇といったところでしょうか。

取得期間は、出産の直前か出産の日の翌日から2週間の範囲内で、1日を単位として2日以内です。職務に支障がないときは、1時間を単位として取得できます。出産支援休暇を請求するときは、配偶者の母子手帳等の提示が必要です。

イクメン休暇には、ほかにも育児参加休暇があります。これは、配偶者の産前・産後の期間に、育児に参加するための休暇です。取

得期間は、1日を単位として5日以内です（職務に支障がないときは、1時間単位でも取得可）。

5．子どもの看護休暇

子どもの看護休暇は、自分の子どもがケガをしたり病気になったときに、看護したり、予防接種や健康診断に付き添うための休暇です。子どもが9歳になるまで取得できます（4月1日生まれの子は、9歳の誕生日の翌年の3月31日まで）。

取得期間は1日を単位として5日（養育する子が複数いる場合は10日）以内です（職務に支障がないときは、1時間単位でも取得可）。

6．生理休暇

生理休暇は、生理日の勤務が著しく困難なとき、休養として与えられる休暇です。

7．慶弔休暇

慶弔休暇は、結婚したとき、親族が亡くなったときに取得する休暇で、1日を単位として取得します。

①結婚：7日（結婚した日の1週間前から結婚日後6か月までの期間内）
③親族の死亡：配偶者10日、父母や子ども7日、祖父母や兄弟姉妹3日、法事1日　など

慶弔休暇を請求するときは、結婚や死亡の事実を確認できる証明書等の提示が必要です。

8．災害休暇

災害休暇は、地震、水害、火災などの災害により自宅がなくなったり壊れたりしたことで、住居の復旧作業等のために取得できる休暇です。取得期間は、1日を単位として7日です。請求時には自宅損壊を確認できる証明書等の提示が必要です。

9．夏季休暇

夏季休暇は、心身の健康の維持・増進、家庭生活の充実のための休暇です。取得期間は、1日を単位として5日（7月1日から9月30日までの期間内）となります。

10．長期勤続休暇

長期勤続休暇は、長期にわたり勤続した教師が、心身の活力を維持・増進するための休暇です。取得期間は下記のとおり。

①勤続15年：2日（その年の1月1日から2年以内）
②勤続25年：5日（その年の1月1日から2年以内）

11．ボランティア休暇

ボランティア休暇は、社会貢献を目的として、無報酬で自発的に活動を行うための休暇です。取得期間は、1年に5日です。この休暇を取得できる活動には、以下があります。

①地震、暴風雨、噴火等の規模の大きい災害が発生した被災地等で、生活関連物資を配布するなどの支援活動
②障害者支援施設、特別養護老人ホームでの活動
③日常生活に支障がある人の介護などの支援活動
④国や自治体が主催・共催・協賛・後援する国際交流事業における通訳などの支援活動
⑤安全確保を図るための活動、スポーツや野外活動等を指導する活

動などの子どもの健全育成に関する活動

ボランティア休暇を請求するときは、活動期間、活動の種類、活動場所、仲介団体、活動内容等活動の計画を明らかにする書類の提示が必要です。

12. 短期の介護休暇

短期の介護休暇は、通常の介護休暇とは別に取得できる休暇で、介護、通院等の付添い、介護サービスの提供を受けるために必要な手続きの代行といった世話をするための休暇です。

取得期間は、1年に1日を単位として5日（介護が必要な人が2人以上いる場合は10日）です（職務に支障がないときは、1時間を単位としても取得可）。

短期の介護休暇を請求するときは、要介護者の氏名、職員との続柄、要介護者の状態を明らかにする書類の提示が必要です（緊急であったりやむを得ないときは事後提出でも可）。

OK? NG? 生後1年未満の子どもをもつ女性教師のA先生が「育児時間と部分休業を併せて取得し、その分早く退勤したい」と申し入れた。

OK!

勤務時間の終わりに育児時間を取得し、それに続けて部分休業を取得することは差し支えありません。取得できる時間は、育児時間90分、部分休業120分が上限となります。

| OK?/NG? | 無事、出産を終えたA先生本人から「産後休暇に入ってまだ1か月だがぜひ復職したい」との申し出があったので了解した。 |

NG!

産後休暇は、一般には8週間、長いところでは10週間の休暇を与えられる制度です（労働基準法65条）。

このうち、出産日から6週間までは、本人の申し出いかんにかかわらず、母体保護の観点から就業が禁止されています。

6週間を経過後は、就業を許可する医師の診断書があれば復職することができます。

◇ One Point

「休暇」と「休業」の違い

　たとえば、妊娠・出産・育児にかかわっては、母体保護や子どもの健全な養育のために、「休暇」としては産前・産後休暇や育児時間、「休業」としては育児休業や部分休業などの制度が設けられています。

　この「休暇」と「休業」とは、何が違うのでしょう。一番大きな違いは、「休暇」は有給であるのに対し、「休業」の場合は無給だという点です。

　ただし、育児休業の場合などには、雇用保険や共済組合への請求手続きを行うことにより、育児休業手当金などを支給する制度などもあります。

育児休業と部分休業

Advice 原則として無給ですが、子どもが3歳になるまでの長い期間、取得できます。

休暇制度とは別に、大学院修学休業など様々な休業制度があります。そのなかで、育児にかかわる休業制度には、育児休業と部分休業があります。

1. 育児休業

産後休暇を終えた後、育児のために休業できる制度です。子どもが3歳（満3歳の誕生日の前日）になるまでの継続した期間取得することができます。また、1回に限り、育児休業の期間を延長することができます。ただし、次の職員については、法令上育児休業の対象となりません。

①非常勤職員、②臨時的任用職員、③任期を定めて採用された育

休代替職員、④定年を超えての勤務延長職員

　育児休業を行うときには、育児休業の期間（開始日と終了日）を明らかにして、教育委員会に請求します。

　育児休業期間中の給与は、原則無給ですが、期末手当や勤勉手当の支給を受けることができます（期末手当は育児休業期間の１／２の期間を控除、勤勉手当は育児休業期間を控除）。

２．部分休業

　子どもが６歳になるまでの間、１日の勤務時間のうちの一部の時間について休業できる制度です。勤務時間の初めか終わりに、１日を通じて２時間を超えない範囲内で30分単位で取得できます。朝夕に分割して取得することもできます。

　また、夫婦共に職員の場合、それぞれが２時間まで取得できますし、夫婦が同一日同一時間帯に取得することもできます。部分休業中の給与は、その時間分の給与が減額されます。

OK? NG?　子どもが２歳になるまで育児休業をしていたＡ先生。復職したものの、もう１回、あと１年育児休業を取りたいと言い出した。

原則NG！

法令上は、同じ子どもの育児のために、再度育児休業を取得することはできません。ただし、配偶者が怪我や病気のために入院したり、配偶者と別居するなど、自治体の条例・規則で「予測不可能な事態の発生により再度の育児休業をしなければその養育に著しい支障が生じるといった事情」を認めている場合には、同じ子どもであっても育児休業を再度取得できます。

どうしてもその学校で仕事を続けることが難しくなったら…

「異動は最大の研修」と言います。どうしてもきつかったら転任を希望しましょう。

1．多忙、ストレス、学校という職場

　ストレス社会と言われる現代。なかでも学校現場は、子どもたちとの関係、保護者との関係、同僚関係など、さまざまなストレスに囲まれた職場であると言って差し支えありません。

　それでも、子どもたちや保護者との関係がよく、やる気をもって自分の思うような授業ができていたら、どれだけ忙しくても何とかやっていけるものです。しかし、逆に子どもたちや保護者とうまくやっていけなくなったら、途端にストレスを抱え込むことになると思います。

　なかには、精神性疾患になり、休職したり辞めてしまう先生も少

なくありません。そうならないための手段として、教師には民間企業に勤める人にはない伝家の宝刀があります。つまり、ほかの学校に行ってしまうことです。

2．異動は最大の研修

民間企業に勤める人であれば、社内での異動を希望しても、早々に実現することはありません。どうしても自分のセクションで仕事を続けられなくなったら転職するよりほかにありません。

しかし、教師の場合には事情が異なります。それは、学校現場には「異動は最大の研修」という文化があるからです。

どうしても、その学校で仕事を続けられなくなったら、タイミングを見計らって、異動願いを出しましょう。特別な事情でもない限り、「出たい」と申し出れば出してもらえます。

ただし、当然のことながら、どこに異動するかは選べません。島嶼・へき地に行くことになったり、学校種が変わってしまったりして、かえってたいへんな思いをするかもしれません。そんなリスクはありますが、校種が変わっても、教師の仕事は子どもを育てることに違いはありません。転職よりもはるかにリスクが小さいと言えるでしょう。

3．上手な異動願いの提出法

教師の仕事は、3年が節目。たとえば、「3年務め上げて卒業生を送り出した」こうした節目に異動願いを出せば、割とすんなり異動できます。

その際、どんな問題があったにせよ、現任校の先生方や保護者との関係を悪化させて異動するのは得策ではありません。悪評はついて回るものです。

「本校ではたいへんすばらしい勉強をさせていただきました。異動は最大の研修と申しますので、ぜひ新しいチャレンジをしたいと思います」と挨拶をして、次の職場（学校）に異動しましょう。

もしも勤務時間中に大けがをしてしまったら…

 地方公務員災害補償基金から、治療費などの補償を受けられます。

1．公務災害補償制度
　勤務時間中に不慮の事故などが起きて負傷してしまった場合には、公務災害補償制度を利用することができます。

2．災害の種類
　補償を受けられる災害には、次の2つがあります。

①公務上の災害：勤務時間中に遭遇した事故などにより、ケガを負ったり発病したりした場合

②通勤途上の災害：朝の通勤途中、退勤後自宅への帰宅途中に遭遇した事故や災害などにより、ケガを負ったり発病したりした場合

3．補償の種類

補償には、つぎの6つがあります。
[療養補償] 診察、薬剤、処置・手術、看護費用など
[障害補償] 傷病が治っても身体に障害が残った場合
[傷病補償年金] 傷病による障害の程度が傷病等級に該当し、療養してから1年半を経過しても治らない場合
[休業補償] 療養期間中の給与補償（平均給与額の6割程度）。ただし、ほとんどの自治体は休業補償とは別に給与を支給
[介護補償] 傷病補償年金、障害補償年金を受けている者が介護を受けている場合
[遺族補償、葬祭補償] 死亡した場合

4．補償の認定要件

補償の認定を受けるには、次の要件が必要になります。

① 公務遂行性：勤務時間中に職場で仕事している場合だけでなく、出張や職務研修など勤務場所を離れて仕事している場合も含む
② 公務起因性：災害の発生が勤務と相当の因果関係にある

②が少々わかりにくいのですが、「あの仕事をしていなかったら、こんな事故は起きなかったはず（怪我をしなかったはず）」という事故やケガが、勤務内容に原因があることを言います。

また、ケガの場合にはわかりやすいのですが、病気の場合には、発病場所が勤務場所とは限らないので、公務起因性の有無が問われます。たとえば、自宅で発病しても、勤務にかかわりがあると医学的に認められることが必要になります。

5．補償の手続き

災害認定を受けるためには、ケガ（発病）した本人（家族）が校長先生・教育委員会を経由して基金に請求する必要があります。

6．不服申し立て

補償の決定や補償内容に不服がある場合には、基金に対して審査請求を行うことができます。

| OK? / NG? | 校庭で生徒が蹴ったボールが、職員室に飛び込んできて、お茶を飲んでいたA先生の頭に直撃してケガをしたので補償した。 |

OK!

休憩時間中であっても、校長先生の管理下にある勤務時間中の職場であれば、公務遂行性が認められます。よって補償の対象となります。

| OK? / NG? | B先生は、帰宅途中、自宅に到着する手前でバイクに追突されてケガをしたので補償した。 |

OK!

帰宅途中に災害に遭ってケガをした場合には、「通勤途上の災害」となり、補償の対象となります。
ただし、たとえば途中に立ち寄ったスーパーで、積み上げられた食料品の下敷きになってケガをした場合には、補償の対象にはなりません。住居と勤務場所との間の往復の経路を「逸脱」「中断」中の災害は、補償の対象外とされているからです。

| OK? / NG? | サッカー部顧問のC先生は、日曜日、他校との練習試合のために生徒を引率中、持病の発作に見舞われ入院したので補償した。 |

NG!

C先生の持病と練習試合の引率との因果関係が証明できなければ補償の対象とはなりません。ただし、基金に対し、不服申し立ての審査請求を求めることができます。

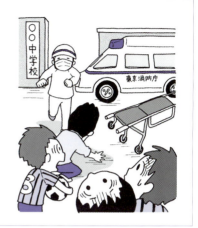

One Point

実際に災害に遭ってしまったら…

補償手続きは、自治体によって多少の違いはありますが、一般的には、次のように行うとよいでしょう。

① 災害により負傷したら、まず病院へ

診察時、医師に公務災害（通勤災害）の手続きをとる予定であることを話します。この場合、保険診療にはできません。認定されるまで支払いを保留するか、仮払いをします（要領収書）。

② 認定請求

①と併せ、校長先生に報告し、公務災害認定請求書を作成の上、教育委員会に提出します。

③ 認定された傷病が治癒したら

「傷病治癒報告書」を提出します。その際、病院の診断書は必要ありません。

3-16

もしも学校で子どもがケガを負ったら… ―災害共済給付

いざというとき、保護者からの問い合わせに戸惑わない程度の知識を！

　災害共済給付とは、授業などで子どもたちがケガなどをした際に給付金が支払われる制度です。給付を受けるためには、日本スポーツ振興センターと契約し、共済掛金を支払う必要があります（契約には、加入同意書に記名・捺印してもらうなど、保護者の同意が必要）。

1．共済掛金（平成26年度）

［幼稚園］年270円　　［保育所］年350円

［小・中学校］年920円（要保護児童生徒の場合は40円）

［高校］全日制：年1,840円、定時制：年980円、通信制：280円

　共済掛け金は、保護者と自治体の双方が負担します。たとえば、

小・中学校の場合は、上記の金額の4〜6割が保護者負担です。
　なお、沖縄県における共済掛金は、上記の金額の半額になります。
2．給付金額
　給付は、①負傷、②疾病、③障害、④死亡の際に行われます。たとえば、負傷・疾病の場合には、医療費の4割が支給されます。ほか、障害の場合は82万円〜3,770万円（障害等級による）、死亡の際には2,800万円（通学時：1,400万円）となります。
3．どのようなときに支給される？
　次のようなときに遭った災害によるケガなどが支給の対象となります。
①授業を受けているとき
・各教科（科目）、道徳、自立活動、総合的な学習の時間、幼稚園における保育中
・特別活動中（児童・生徒・学生会活動、学級活動、ホームルーム、クラブ活動、儀式、学芸会、運動会、遠足、修学旅行、大掃除など）
②課外指導を受けているとき
・部活動、林間学校、臨海学校、夏休みの水泳指導、生徒指導、進路指導など
③休憩時間などのとき
・始業前、業間休み、昼休み、放課後
④通学しているとき
・登校(登園)中、下校（降園）中
⑤学校外で授業や課外指導の際に移動しているとき
・駅で集合、解散が行われる場合の駅と住居との間の往復中など
⑥学校の寄宿舎にあるとき
・文字どおり寄宿舎生活を送っている間
　①〜⑥までのさまざまな「とき」を「学校の管理下」と言います。

| OK? NG? | 授業中にふざけて後ろにのけぞったところ、椅子がひっくり返って怪我をしてしまったAくんに給付した。 |

OK!

授業中に鉛筆を投げたりするなど、いたずらした結果としての負傷であっても、「学校の管理下」の災害として給付対象となります。そのため、Aくんには給付されます。

| OK? NG? | クラスメートからいじめを受け続け、ついには精神障害で入院してしまったBさんに給付金を支給した。 |

OK!

「精神的な負担が継続的に加わった」ことによる精神障害についても給付対象になります。これには、いじめや教師によるパワハラなども含まれます。そのためBさんには給付されます。

さらに、災害や体罰などにより身体的・精神的な衝撃によって生じた心的外傷後ストレス障害(PTSD)になった場合にも給付対象となります。

| OK?/NG? | 学校で飼育しているウサギの様子をみるために、夜明け前に登校したCさん。飼育小屋で転んで骨折したので給付した。 |

NG!

通常は、始業前についても給付対象となります。しかし、校長先生が決める授業終始の時刻よりも著しく早い時間や授業終了後の著しく遅い時間に発生した事故などの場合には、よほど特別の事情のない限り、「学校の管理下」には含まれず、その時間帯に災害に遭っても給付の対象とはなりません。
よってCさんには給付されません。

| OK?/NG? | 授業中に教室を抜け出して学校をエスケープしようとしたAくん。校門にさしかかる手前で転んで骨折したので給付金を支給した。 |

OK!

エスケープしたとしても、校地内に留まっている場合には支給対象となります。しかし、学校の敷地を一歩でも出た後であった場合には、支給対象とはなりません。

付　録

第1章から第3章にかけてまとめた「教師が仕事をするうえでのルール」には、それぞれ法的な根拠があります。そこで、その根拠となる法令名や行政文書名を付録としてまとめました。

本書の理解をもうちょっと深めたい方など、ぜひ参考にしてみてください。

【1-1】

[関連法規] 地方公務員法35条、38条、55条／教育公務員特例法17条、22条

[参考文書] 文部科学省初等中等教育局初等中等教育企画課長通知「夏季休業期間等における公立学校の教育職員の勤務管理について」（平成14年7月4日）／文部省初等中等教育局地方課長回答「公立学校教職員の在籍専従等の取扱いについて」（昭和43年12月20日）／文部省初等中等教育局長回答「教育公務員特例法第20条の解釈について」（昭和39年12月18日）／文部省初等中等教育局長回答「職務専念義務免除の承認について」（昭和37年11月28日）

【1-2】

[関連法規] 地方公務員法32条／公立の義務教育諸学校等の教育職員を正規の勤務時間を超えて勤務させる場合等の基準を定める政令1号、2号

[参考文書] 文部科学省初等中等教育局長通知「国立大学法人法等の施行に伴う関係政令の整備等に関する政令及び公立の義務教育諸学校等の教育職員を正規の勤務時間を超えて勤務させる場合等の基準を定める政令の施行について」（平成15年12月25日）／文部事務次官通達「国立及び公立の義務教育諸学校等の教育職員の給与等に関する特別措置法の施行について」（昭和46年7月9日）／文部省初等中等教育局長通知「教職員の服務等について」（昭和32年3月8日）／文部省初等中等教育局長回答「教員の日直宿直について」（昭和31年1月15日）／文部省初等中等教育局長回答「学校教育法施行規則第48条の解釈等について」（昭和29年2月19日）

【1-3】
［関連法規］教育職員免許法4条、5条、9条、9条の3、附則2項
［参考文書］文部科学省初等中等教育局長通知「教育職員免許法施行規則の一部を改正する省令及び教員免許更新制の実施に係る関係告示の整備等について」（平成20年11月12日）／文部省教育助成局長通知「在日韓国人など日本国籍を有しない者の公立学校の教員への任用について」（平成3年3月22日）／文部省初等中等教育局長回答「公立学校教員の免許教科外の教授担任について」（昭和33年8月29日）

【1-4】
［関連法規］学校教育法37条、学校教育法施行規則44条〜47条
［参考文書］文部科学事務次官通知「学校教育法等の一部を改正する法律の施行に伴う関係政令等の整備について」（平成20年1月23日）／文部省初等中等教育局地方課長通達「主任等の省令化に伴う教育委員会規則改正参考案の送付について」（昭和51年1月29日）／文部事務次官通達「学校教育法施行規則の一部を改正する省令の施行について」（昭和51年1月13日）

【1-5】
［関連法規］地方公務員法39条／教育公務員特例法21条〜25条の2
［参考文書］文部科学事務次官通知「教育職員免許法及び教育公務員特例法の一部を改正する法律について」（平成19年7月31日）／文部科学省初等中等教育局初等中等教育企画課長通知「夏季休業期間等における公立学校の教育職員の勤務管理について」（平成14年7月4日）／文部事務次官通達「教育公務員特例法及び地方教育行政の組織及び運営に関する法律の一部を改正する法律の公布について」（昭和63年6月3日）／文部省初等中等教育局長通知「教員の採用及び

研修について」（昭和57年5月31日）

【1-6】
［関連法規］　学校教育法施行規則50条～52条、56条、72条～74条
［参考文書］　小・中学校学習指導要領総則編／文部科学省初等中等教育局長通知「学校教育法施行規則の一部を改正する省令の施行等について」（平成17年7月6日）

【1-7】
［関連法規］　学校教育法施行令5条、6条の3、9条、10条
［参考文書］　文部科学省初等中等教育局長通知「障害のある児童生徒等に対する早期からの一貫した支援について」（平成25年10月4日）／文部科学事務次官通知「学校教育法施行令の一部改正について」（平成25年9月1日）／中央教育審議会報告「共生社会の形成に向けたインクルーシブ教育システム構築のための特別支援教育の推進」（平成24年7月23日）

【1-8】
［関連法規］　学校教育法施行規則73条の21／発達障害者支援法
［参考文書］　文部科学省初等中等教育局長通知「特別支援教育の推進について」（平成19年4月1日）／文部科学省初等中等教育局長通知「学校教育法施行規則の一部改正等について」（平成18年3月31日）／文部科学省初等中等教育局長、文部科学省高等教育局長、文部科学省スポーツ・青少年局長通知「発達障害のある児童生徒等への支援について」（平成17年4月1日）／文部科学省「小・中学校におけるLD（学習障害）、ADHD（注意欠陥／多動性障害）、高機能自閉症の児童生徒への教育支援体制の整備のためのガイドライン」（平成16年1月）

【1-9】
［関連法規］　学校教育法施行規則73条の21／発達障害者支援法

［参考文書］ 文部科学省初等中等教育局長通知「特別支援教育の推進について」（平成19年4月1日）／文部科学省初等中等教育局長通知「学校教育法施行規則の一部改正等について」（平成18年3月31日）／文部科学省初等中等教育局長、文部科学省高等教育局長、文部科学省スポーツ・青少年局長通知「発達障害のある児童生徒等への支援について」（平成17年4月1日）／文部科学省「小・中学校におけるLD（学習障害）、ADHD（注意欠陥／多動性障害）、高機能自閉症の児童生徒への教育支援体制の整備のためのガイドライン」（平成16年1月）

【1-10】

［関連法規］ 学校教育法施行規則73条の21／発達障害者支援法

［参考文書］ 文部科学省初等中等教育局長通知「特別支援教育の推進について」（平成19年4月1日）／文部科学省初等中等教育局長通知「学校教育法施行規則の一部改正等について」（平成18年3月31日）／文部科学省初等中等教育局長、文部科学省高等教育局長、文部科学省スポーツ・青少年局長通知「発達障害のある児童生徒等への支援について」（平成17年4月1日）／文部科学省「小・中学校におけるLD（学習障害）、ADHD（注意欠陥／多動性障害）、高機能自閉症の児童生徒への教育支援体制の整備のためのガイドライン」（平成16年1月）

【1-11】

［参考文書］ 文部科学省大臣官房長、初等中等教育局長通知「『いじめの問題に関する児童生徒の実態把握並びに教育委員会及び学校の取組状況に係る緊急調査』を踏まえた取組の徹底について」（平成24年11月27日）／文部科学省初等中等教育局長、高等教育局長通知「いじめ防止基本方針の策定につ

いて」（平成25年10月11日）／文部科学省初等中等教育局長、高等教育局長通知「いじめ防止対策推進法の公布について」（平成25年6月28日）／東京都教育委員会「いじめに対する指導について」

【1-12】
［関連法規］　学校教育法施行規則56条
［参考文書］　文部科学省不登校生徒に関する追跡調査研究会「不登校に関する実態調査」（平成26年7月）／文部科学省初等中等教育局長通知「学校教育法施行規則の一部を改正する省令の施行等について」（平成17年7月6日）／文部科学省初等中等教育局長通知「不登校児童生徒が自宅においてIT等を活用した学習活動を行った場合の指導要録上の出欠の取扱い等について」（平成17年7月6日）

【1-13】
［関連法規］　学校教育法35条
［参考文書］　文部科学省初等中等教育局長通知「問題行動を起こす児童生徒に対する指導について」（平成19年2月5日）／文部科学省初等中等教育局長通知「出席停止制度の運用の在り方について」（平成13年11月6日）

【1-14】
［関連法規］　学校教育法施行規則61条、63条／学校保健安全法20条
［参考文書］　文部省回答「公立小・中学校長研修講座における質疑応答集」（昭和34年12月）

【1-15】
［関連法規］　学校保健安全法19条、20条／学校保健安全法施行令5条～8条／学校保健安全法施行規則18条～21条
［参考文書］　文部科学省スポーツ・青少年局通知「学校保健安全法施行規則の一部を改正する省令の施行について」（平成24年4

月2日)／文部科学省スポーツ・青少年局長通知「学校保健法等の一部を改正する法律の公布について」(平成20年7月9日)／文部科学省生涯学習政策局生涯学習推進課長、中等教育局教育課程課長、スポーツ・青少年局学校健康教育課長通知「鳥インフルエンザ及び新型インフルエンザへの対策等について」(平成18年1月16日)

【2-1】
[関連法規] 学校教育法11条／学校教育法施行規則26条
[参考文書] 文部科学省初等中等教育局長、スポーツ・青少年局長通知「体罰根絶に向けた取組の徹底について」(平成25年8月9日)／文部科学省初等中等教育局長、スポーツ・青少年局長通知「体罰の禁止及び児童生徒理解に基づく指導の徹底について」(平成25年3月13日)／文部科学省初等中等教育局長通知「問題行動を起こす児童生徒に対する指導について」(平成19年2月5日)／法務府心得「生徒に対する体罰禁止に関する教師の心得」(昭和24年8月2日)／法務庁法務調査意見長官回答「児童懲戒権の限界について」(昭和23年12月22日)

【2-2】
[関連法規] 学校教育法34条／地方教育行政の組織及び運営に関する法律23条、33条、48条
[参考文書] 文部科学省初等中等教育局長通達「学校における補助教材の適正な取扱いについて」(昭和49年9月3日)／文部省初等中等教育局長回答「検定教科書、文部省著作教科書以外の教科書の使用に係る疑義」(昭和30年7月4日)

【2-3】
[関連法規] 学校教育法施行規則24条、28条
[参考文書] 文部科学省初等中等教育局長通知「小学校、中学校、高等

学校及び特別支援学校等における児童生徒の学習評価及び指導要録の改善等について」（平成22年5月11日）／文部科学省「学習指導要領・指導要録・評価規準・通知表について」／文部省初等中等教育局長通達「学齢簿および指導要録の取扱について」（昭和32年2月25日）

【2-4】

[関連法規]　地方公務員法34条

[参考文書]　厚生省児童家庭局長通知「児童虐待等に関する児童福祉法の適切な運用について」（平成12年6月20日）／自治事務次官回答「地方公共団体における秘密の保持について」（昭和42年12月5日）／地方自治庁公務員課長回答「職員の秘密を守る義務について」（昭和26年8月28日）

【2-5】

[関連法規]　地方公務員法33条

[参考文書]　文部省教育助成局地方課長通知「公立学校等における性的な言動に起因する問題の防止について」（平成11年4月12日）／文部事務次官通達「交通事故の防止について」（昭和41年6月3日）

【2-6】

[関連法規]　教育基本法14条／地方公務員法36条／教育公務員特例法18条／国家公務員法102条／人事院規則14—7／中立確保法3条、4条／公職選挙法136条の2、137条

[参考文書]　文部科学副大臣通知「教職員等の選挙運動の禁止等について」（平成23年2月18日）／文部科学事務次官通知「教育基本法の施行について」（平成18年12月22日）／人事院職員局職員課長回答「教員の政治的行為について」（昭和46年3月25日）／自治省公務員課長回答「教育公務員の政治的行為の制限について」（昭和37年10月22日）／文部省初

等中等教育局長回答「政治的行為の制限と学校貸与との関係について」（昭和30年9月28日）／文部省初等中等教育局長通達「義務教育諸学校における教育の政治的中立の確保に関する臨時措置法第5条の請求の手続について」（昭和29年6月12日）／地方自治庁公務員課長回答「地方公務員法の疑義について」（昭和26年3月13日）／文部省大臣官房総務課長通達「教育基本法第8条の解釈について」（昭和24年6月11日）

【2-7】

［関連法規］ 地方公務員法37条、61条

［参考文書］ 文部省教育助成局長通知「教職員の争議行為について」（昭和62年4月9日）／文部省初等中等教育局地方課長内簡「教職員のいっせい休暇闘争について」（昭和43年9月20日）／文部省初等中等教育局長通達「教育公務員特例法の一部改正等の施行について」（昭和41年6月15日）／自治庁公務員課長回答「地方公務員法に関する疑義について」（昭和28年9月24日）／労働省労働基準局長回答「スト期間中における労働基準法上の休暇の取扱について」（昭和27年7月25日）

【2-8】

［関連法規］ 地方公務員法27条、28条

［参考文書］ 文部省初等中等教育局長回答「地方公務員の分限について」（昭和37年5月11日）／文部省初等中等教育局長回答「分限免職者の退職手当の支払等について」（昭和36年10月20日）／自治庁公務員課長回答「休職中の職員の免職の可否について」（昭和32年10月22日）／自治庁公務員課長回答「休職中の職員の依願退職について」（昭和27年10月24日）／公務員課長回答「職員の分限に関する手続及び効果に関す

る条例準則及び職員の懲戒の手続及び効果に関する条例準則の疑義について」（昭和26年11月30日）／法務府法制意見第一局長事務代理回答「起訴休職を命ぜられた職員が無罪の確定判決を得た場合であつても、当該職員を判決確定前にさかのぼつて復職させることはできない」（昭和26年6月6日）／文部次官通達「教育公務員特例法の施行について」（昭和24年2月22日）

【2-9】
［関連法規］　地方公務員法27条、29条
［参考文書］　文部省初等中等教育局長回答「転任後発覚した不法行為に対する懲戒処分について」（昭和32年5月8日）／自治庁公務員課長回答「地方公務員法に関する疑義について」（昭和30年9月9日）／自治庁公務員課長回答「地方公務員法第29条第1項の懲戒処分と民法第709条の損害賠償との関係について」（昭和29年4月15日）／内閣法制局長官回答「職員が職務上の義務に違反した場合、その職員に対し、制裁的実質を伴わない訓告等の措置をとることを法は禁止していない」（昭和28年8月3日）／自治庁公務員課長回答「一個の義務違反に対し、二種類以上の懲戒処分を併課することはできない」（昭和29年4月15日）

【2-10】
［関連法規］　教育公務員特例法25条〜25条の3
　［参考文書］　文部科学事務次官通知「教育職員免許法及び教育公務員特例法の一部を改正する法律について」（平成19年7月31日）／文部科学事務次官通知「地方教育行政の組織及び運営に関する法律の一部を改正する法律の施行について」（平成13年8月29日）

【2-11】
［関連法規］　国家賠償法2条、3条
［参考文書］　厚生省公衆衛生局防疫課長回答「予防接種事故に関する責任の所在について」（昭和42年3月7日）

【2-12】
［関連法規］　学校教育法137条／社会教育法44条、45条／スポーツ基本法13条／学校施設の確保に関する政令3条／公職選挙法39条、63条、161条／災害対策基本法50条／災害救助法23条、26条／地方自治法238条の4
［参考文書］　文部省体育局長通知「社会体育指導者派遣事業及び学校体育施設開放事業の運用について」（平成2年7月31日）／文部省教育助成局長依頼「学校の施設を投票所に利用することについて」（平成元年5月29日）／初等中等教育局長回答「学校は『公の施設』に該当する」（昭和38年12月10日）／文部省初等中等教育局長回答「政治的行為の制限と学校貸与の関係について」（昭和30年9月28日）／法制意見第一局長回答「学校施設の確保に関する政令第4条による返還命令について」（昭和25年2月16日）

【3-1】
［関連法規］　地方公務員法38条／教育公務員特例法17条
［参考文書］　文部省大臣官房人事課長通知「職員の兼業の承認及び許可の手続等について」（昭和58年3月4日）／文部省地方課問答集「ILO関係国内法問答集」（昭和41年7月）／自治省給与課長回答「公務員法上の疑義について」（昭和39年1月20日）／文部省初等中等教育局長回答「教員の兼職について」（昭和33年4月12日）／文部事務次官通達「地方教育行政の組織及び運営に関する法律等の施行について」（昭和31年6月30日）／地方自治庁行政課長回答「兼務に

対して給与を支給することができるか」（昭和26年10月10日）／地方自治庁公務員課長回答「地方公務員法第38条に関する疑義について」（昭和26年6月20日）／文部事務次官通達「教育公務員特例法の一部を改正する法律等の施行について（抄）」（昭和26年6月15日）／文部省地方連絡課長回答「教育施設の使用及び公職者の兼職について」（昭和25年12月18日）

【3-2】
［関連法規］　地方公務員法26条の5／外国の地方公共団体の機関等に派遣される一般職の地方公務員の処遇等に関する法律1条〜8条
［参考文書］　文部科学省「青年海外協力隊及び日系社会青年ボランティア『現職教員特別参加制度』平成26年度春募集について」

【3-3】
［関連法規］　地方公務員法26条の4／教育公務員特例法26条〜28条
［参考文書］　文部事務次官通知「教育公務員特例法等の一部を改正する法律の公布について」（平成12年4月28日）

【3-4】
［関連法規］　地方公務員法52条〜56条
［参考文書］　文部省地方課問答集「ILO関係国内法問答集」（昭和47年7月）／文部省初等中等教育局地方課長回答「公立学校教職員の在籍専従等の取扱いについて」（昭和43年12月20日）／文部省地方課問答集「ILO関係国内法問答集」（昭和41年7月）／自治省行政局長通知「別紙4　職員団体のための職員の行為の制限の特例に関する条例（案）」（昭和41年6月21日）／自治省公務員課長回答「職員団体のための活動に要した時間に対する給与賃金を支給することは、不当労働行為である」（昭和41年6月21日）／文部省初等中等

教育局長通達「教育公務員特例法の一部改正等の施行について」(昭和41年6月15日)

【3-5】
[関連法規] 児童虐待の防止等に関する法律5条~8条
[参考文書] 文部科学省初等中等教育局児童生徒課通知「児童虐待防止に向けた学校等における適切な対応の徹底について」(平成22年1月26日)/文部科学大臣政務官通知「児童虐待の防止等のための学校、教育委員会等の的確な対応について」(平成22年3月24日)/文部科学大臣政務官通知「学校等から市町村又は児童相談所への定期的な情報提供について」(平成22年3月24日)/文部科学省初等中等教育局初等中等教育企画課長通知「配偶者からの暴力の被害者の子どもの就学について」(平成21年7月13日)/文部科学省初等中等教育局児童生徒課長通知「学校等における児童虐待防止に向けた取組の推進について」(平成18年6月5日)/厚生労働省雇用均等・児童家庭局長通知「『児童虐待の防止等に関する法律の一部を改正する法律』の施行について」(平成16年8月13日)/厚生労働省雇用均等・児童家庭局総務課長通知「児童虐待防止対策における適切な対応について」(平成16年1月30日)

【3-7】
[関連法規] 自治体ごとの勤務時間条例・規則、学校管理規則/公立の義務教育諸学校等の教育職員を正規の勤務時間を超えて勤務させる場合等の基準を定める政令1号、2号
[参考文書] 文部科学省初等中等教育局長通知「国立大学法人法等の施行に伴う関係政令の整備等に関する政令及び公立の義務教育諸学校等の教育職員を正規の勤務時間を超えて勤務させる場合等の基準を定める政令の施行について」(平成15年

12月25日）／文部科学省初等中等教育局初等中等教育企画課長通知「夏季休業期間等における公立学校の教育職員の勤務管理について」（平成14年7月4日）／文部省教育助成局地方課長通知「学校週5日制の実施に伴う公立学校の教職員の勤務時間の取扱い等について」（平成6年11月6日）／文部省教育助成局長通知「一般職の職員の勤務時間、休暇等に関する法律の施行について」（平成6年8月23日）／文部事務次官通達「国立及び公立の義務教育諸学校等の教育職員の給与等に関する特別措置法の施行について」（昭和46年7月9日）／文部省初等中等教育局長回答「教職員の服務等について」（昭和33年9月13日）

【3-8】
[関連法規] 自治体ごとの勤務時間条例・規則
[参考文書] 労働省労働基準局長回答「疑義解釈に関する件」（昭和23年5月14日）／労働次官通牒「休憩時間の利用について」（昭和22年9月13日）

【3-9】
[関連法規] 自治体ごとの勤務時間条例・規則／学校管理規則／国民の祝日に関する法律2条、3条
[参考文書] 文部省教育助成局長通知「一般職の職員の勤務時間、休暇等に関する法律の施行について」（平成6年8月23日）

【3-10】
[関連法規] 労働基準法39条／一般職の職員の勤務時間、休暇等に関する法律16条、17条／自治体ごとの勤務時間条例・規則
[参考文書] 文部省教育助成局地方課長通知「労働基準法の改正に伴う関係政省令の制定等について」（平成6年2月9日）／文部省初等中等教育局長回答「年次有給休暇等について」（昭和34年4月1日）／自治庁公務員課長回答「地方公務員法の疑義

について」（昭和28年8月15日）

【3-11】
［関連法規］　一般職の職員の勤務時間、休暇等に関する法律16条、18条、20条／自治体ごとの勤務時間条例・規則
［参考文書］　文部省教育助成局長通知「一般職の職員の勤務時間、休暇等に関する法律の施行について」（平成6年8月23日）

【3-12】
［関連法規］　一般職の職員の勤務時間、休暇等に関する法律16条、19条／自治体ごとの勤務時間条例・規則
［参考文書］　厚生労働省政策統括官付社会保障担当参事官室提案「少子化対策プラスワン」（平成14年9月20日）／自治省行政局長通達「妊娠中の女子職員に対する通勤緩和措置について」（昭和47年7月29日）

【3-13】
［関連法規］　地方公務員の育児休業等に関する法律2条〜5条、19条
［参考文書］　文部省教育助成局長通知「地方公務員の育児休業等に関する法律の施行について」（平成4年3月13日）

【3-14】
［関連法規］　地方公務員法17条

【3-15】
［関連法規］　地方公務員法45条／地方公務員災害補償法24条〜38条、51条
［参考文書］　文部省初等中等教育局長回答「公務災害の認定について」（昭和40年11月11日）／地方公務員災害補償基金理事長通知「公務上の災害の認定基準について」（昭和48年11月26日）／自治事務次官通知「地方公務員災害補償法の一部を改正する法律等の施行について」（昭和48年10月30日）

【3-16】
［関連法規］独立行政法人日本スポーツ振興センター法15条、17条／独立行政法人日本スポーツ振興センター法施行令5条
［参考文書］日本体育・学校健康センター理事長基準「『災害共済給付の基準について』（昭和61年6月17日付け日体健安業第340号）の一部改正について」（平成15年6月20日）／文部事務次官通知「日本体育・学校健康センター法等の施行について」（昭和61年3月1日）

［監修者］入澤　充 Irisawa Mitsuru
1951年、群馬県生まれ。立正大学経済学部経済学科卒業。東京女子体育大学講師、群馬大学大学院教授を経て、2012年より国士舘大学法学部、同大学院法学研究科教授。
《最近の主な著書・論文》『スポーツにおける真の指導力－部活動にスポーツ基本法を活かす』（共著、エイデル研究所、2014年）、『増補版　学校事故　知っておきたい！養護教諭の対応と法的責任』（時潮社、2011年）

［Special Thanks］
◇佐藤晴雄（日本大学教授）
◇『新・教育法規解体新書ポータブル』関係者一同
◇がんばっている、全国の教師の皆様

TEACHER'S RULE BOOK
教師が仕事をするうえで「しなければならないこと」「してはいけないこと」

2015（平成27）年3月1日　初版第1刷発行
2017（平成29）年4月11日　初版第2刷発行

監　修　入澤　充
発行者　錦織圭之介
発行所　株式会社　東洋館出版社
　　　　〒113-0021　東京都文京区本駒込5-16-7
　　　　営業部　電話 03-3823-9206／FAX 03-3823-9208
　　　　編集部　電話 03-3823-9207／FAX 03-3823-9209
　　　　振替　00180-7-96823
　　　　URL　http://www.toyokan.co.jp
装　幀　三宅啓太
イラスト　設樂みな子
印刷・製本　藤原印刷株式会社

ISBN978-4-491-03094-4　Printed in Japan